KB158564

취미가 돈이 되는 캐릭터 창작 실습 가이드북

돈 버는 캐릭터 만들기

취미가 돈이 되는 캐릭터 창작 실습 가이드북

돈 버는 캐릭터 만들기

초판 1쇄 발행 2024년 8월 20일

지은이　　　권지언(어냐)
편집인　　　옥기종
발행인　　　송현옥
펴낸곳　　　도서출판 더블:엔
등 록　　　2011년 3월 16일 제2011-000014호

주 소　　　서울시 강서구 마곡서1로 132, 301-901
전 화　　　070_4306_9802
팩 스　　　0505_137_7474
이메일　　　double_en@naver.com
ISBN　　　979-11-93653-07-4 (13000)

※ 이 책은 저작권법에 따라 보호받는 저작물이므로 무단전재와 무단복제를 금하며,
이 책 내용의 전부 또는 일부를 이용하려면 반드시 저작권자와 더블:엔의 서면동의
를 받아야 합니다.
※ 잘못된 책은 바꾸어 드립니다.
※ 책값은 뒤표지에 있습니다..

취미가 돈이 되는 캐릭터 창작 실습 가이드북

돈 버는 캐릭터 만들기

권지언(어냐) 지음

더블:엔

안녕하세요. 독자 여러분! 캐릭터의 세계에 오심을 환영합니다!

캐릭터, 하면 떠오르는 이미지들이 있죠. 유명한 외국 캐릭터부터 시작해서, 애니메이션 캐릭터, 메신저 이모티콘 캐릭터, 혹은 내가 좋아하는 연예인의 마스코트 캐릭터 등 매일 사용하는 물건에 이름 모를 캐릭터들까지 다양합니다.

콘텐츠를 만들고 자기 자신을 브랜딩하는 것은 요즘 시대에 아주 중요한 필수 능력이 되었어요. 이 가운데 있는 것이 바로 캐릭터입니다. 자기 자신이 직접 캐릭터가 되기도 하지만 내 얼굴을 대신해 그림 캐릭터들이 더욱 친근하고 중독성 있는 모습으로 대중을 만나고 소통하고 있답니다.

캐릭터를 아무나 만드냐고요? 당연히 누구나 만들 수 있습니다. 캐릭터는 현란한 기술과 고급예술을 요구하지 않습니다. 우리가 좋아하는 캐릭터들을 왜 좋아하는지 기억해보세요. 잘 그려서? 외모가 마음에 들어서? 단지 그뿐일까요. 캐릭터를 좋아하는 마음은, 우리가 누군가를 좋아하는 그 마음과도 꽤 닮아 있답니다. 말하는 것이 마음에 들어서, 눈이 예뻐서, 마음이 잘 통해서, 성격이 시원시원해서라든가, 좋아하는 이유는 참 다양하잖아요.

독자분들과 함께 캐릭터를 만들어보려 해요. 어떤 캐릭터를 만들지 잠시 상상해 보세요. 상상만으로도 이미 모험이 시작됐답니다! 저는 대단한 인플루언서도 엄청난 아티스트도 아닙니다. 5년 전만 해도 캐릭터 작가가 되고 싶다는 막연한 꿈을 꾸는 퇴사자였어요. 이렇게 평범한 저도 작가가 되고 이 책 한 권만큼의 많은 경험을 하게 됐답니다. 세상은 내가 내딛는 만큼 넓고 또 넓어질 거예요.

첫 책《돈 버는 이모티콘 만들기》를 쓰고,《지금 가장 소중한 것은》의 일러스트 삽화에 참여하고, 제 인생에서 세 번째 책을 만나며, 이번 책에서는 그림과 캐릭터를 하나의 꿈에서 현실이 될 수 있도록, 기술뿐만 아니라 자신감과 애정을 심어드려야겠다 다짐하게 됩니다.

저도 아직 가보지 않은 길이 많아요. 제가 지나온 길, 좋았던 길, 보았던 풍경이 꿈이 가득한 여행자에게 행복한 지도가 되기를 바랍니다.

THANKS TO

제가 지금까지 꿈을 꾸고, 꿈을 이루고, 계속 꿈을 이어갈 수 있게 해준 소중한 분들께 감사합니다. 먼저 제 캐릭터를 사랑해주고 응원해주시는 분들께 가장 먼저 감사드리며, 무한한 지지와 사랑을 주시는 아빠, 엄마, 과자 종종 사주는 남동생, 우리 망이, 하트쿵♡님, 등대 송 원장님, 김영덕 소장님, 은미언니, 기범이, 경인오빠, 예준오빠, 이모, 이모부, 혜진님, 다래님, 엠피님, 하야루비님, 하율님, 냥코로, 빵지, 또딤님, 설탕과자님, 미이님, 나무흉님, 뿌니님, 은별이, 옹어, 혜은이, 지성쌤, 영희이모, 써노님, 자홍님, 테디님, 해쥬님, 녹차님, 곽쥐님, 민들레군, 워킹맨님, 친구이자 대장 외계인, 러칭싼크어, rnf, 이만사 식구들, 장신부님, 아이녜스 수녀님 그 외 모든 가족, 벗님과 특강 원고를 도와주신 하트쿵프렌즈, 민들레님, 두런스튜디오, 뇨니뇨니스튜디오, 승선씨, 따숲님, 책에 작품 인용을 허락해주신 작가님들 모두 너무 감사합니다. 또다시 의미 있는 책을 출간할 수 있게 애써주신 출판사 더블엔 감사합니다.

C O N T E N T S

1   누구나 캐릭터 작가가 될 수 있다

2   캐릭터 만들기 전 워밍업!

3 캐릭터 만들기 실습 스타트

캐릭터로 할 수 있는 여러 가지

콘텐츠 편

사업 편

5 작가가 되어보자

PART 1

누구나 캐릭터 작가가 될 수 있다

스스로를 믿는 순간, 당신은
어떻게 살아갈지를 알게 될 것이다
- 요한 볼프강 폰 괴테

캐릭터와 캐릭터 산업

여러분~ 캐릭터란 무엇일까요? 귀여운 존재들?! 만들어진 가상의 인격체? 표준국어대사전에는 캐릭터의 정의가 이렇게 나와 있습니다.

캐릭터 【명사】

1. 소설이나 연극 따위에 등장하는 인물. 또는 작품 내용 속에서 드러나는 인물의 개성과 이미지

2. 소설, 만화, 극 따위에 등장하는 독특한 인물이나 동물의 모습을 디자인에 도입한 것. 장난감이나 문구, 아동용 의류 따위에 많이 쓴다.

3. 정보·통신 키보드를 눌러서 화면에 나타낼 수 있는 한글, 알파벳, 한자, 숫자, 구두점 따위를 통틀어 이르는 말

위와 같은 세 가지 의미가 있습니다. 캐릭터 디자인에 해당하는 정의는 2번 이겠죠. 여기서 재미있는 퀴즈를 두 개 내보겠습니다.

Q. 세계 최초로 저작권이 생긴 캐릭터는 무엇일까요? 나이가 아주아주 많아요. 130살 정도 되는 캐릭터랍니다.

정답은 **피터래빗!** 입니다.

영국 아동 문학 작가이며 일러스트 작가인 베아트릭스 포터(Beatrix Potter)가 1893년에 만든 캐릭터입니다. 아주 오래된 캐릭터인데도 익숙하죠?

이번엔, 두 번째 퀴즈!

Q. 세계 최초로 상품으로 만들어진 캐릭터는 무엇일까요?

정답은 우리에게 많이 친숙한 **미키마우스**입니다.(1928년, 디즈니) 미키마우스는 〈증기선 윌리호〉 애니메이션에 등장했는데, 당시 미키마우스는 잉거

솔사와 라이선스 계약을 하여 시계를 만들어 큰 수익을 얻었다고 해요. 월트 디즈니는 이를 시작으로 여러 캐릭터를 만들어 1,000여 종이 넘는 유명 캐릭터를 산업화시켰습니다.

이렇게 캐릭터 산업이 성장하면서 캐릭터의 위상이 주목받기 시작했으며, 오늘날에도 캐릭터는 여러 분야에서 사랑받고 있습니다. 국내 캐릭터 시장

의 규모만 해도 2005년 2조 700억 원에서 2023년은 20조 원으로 추정되는, 무려 10배가 넘는 급성장을 하였고 2014년 이후 연평균 7.8%의 성장을 하고 있다고 합니다. (한국콘텐츠진흥원)

"캐릭터를 넣으면 뜬다!"는 흥행 공식에 힘입어 식품업계, 유통업계 등과 인기 캐릭터 사이의 지적 재산권(IP) 협업이 끊이지 않고 있습니다. 또한, 자체 캐릭터를 개발하여 마케팅뿐만 아니라 다방면으로 확장된 사업성과를 내고 있습니다.

빙그레우스_ 빙그레

카카오프렌즈_ 카카오

여기서 우리나라의 캐릭터 산업에 대한 이야기를 빼놓을 수 없지요. 지금이야 어디서나 캐릭터를 찾아볼 수 있고 세계적으로 대한민국의 위상을 떨치는 캐릭터까지 쉽게 만날 수 있지만, 그 역사가 긴 것은 아니거든요.

1967년 국내 최초 장편 애니메이션 〈홍길동〉이 제작되어 애니메이션 산업이 시작되었으나 부가산업으론 발전되지 못했습니다.

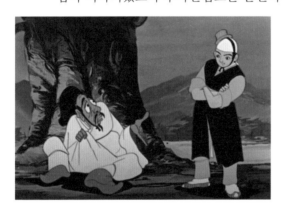

현재 〈홍길동〉 애니메이션은 한국영상자료원에서 ㈜화력대전과 함께 디지털 복원을 진행하여 한국애니메이션 유튜브에서 4k 복원본을 볼 수 있습니다.

〈홍길동〉 애니메이션

드디어 1985년에 국내 최초의 팬시 캐릭터가 탄생합니다. 바른손 팬시의 〈부부보이(Boo-Boo Boy)〉가 등장한 거죠. 바른손에서 나온 토종캐릭터들이 참 정감이 가고 따뜻한 느낌이 나네요. 지금 봐도 너무 예쁘죠?

부부보이

리틀토미

태비치로

금다래 신머루

떠버기

[바른손 팬시에서 개발한 국산 캐릭터들]

1988년 서울 올림픽을 전후로 〈떠돌이 까치〉, 〈아기공룡 둘리〉, 〈달려라 하니〉와 같이 TV용 중단편 애니메이션이 선보였습니다.

88올림픽 마스코트 '호돌이'가 최초의 공공 캐릭터로 개발되었고, 2000년이 지나고 나 서야 마시마로, 졸라맨, 우비소년, 뿌까, 둘 리, 뽀로로 등 인기 캐릭터를 거쳐 캐릭터 산업의 부흥기가 시작되었습니다.

88서울올림픽 호돌이_ 김현

졸라맨   마시마로   우비소년

뿌까   둘리   뽀로로

인터넷의 보급과 함께 캐릭터 산업은 더욱 빠른 속도로 시장을 형성하고 현재는 20조 원이 넘는 산업 성장을 이루고 있습니다.

참고: 대한민국 캐릭터 변천사 연구보고서 / 세종대학교 융합콘텐츠산업연구소, 한국콘텐츠진흥원

그렇다면 캐릭터 산업은 기업이나 유명한 작가들에게만 기회가 열려 있을까요?

그럴 리가요! No! 개인 작가들의 캐릭터 또한 사랑받을 기회가 가득합니다. 갈수록 소비자의 취향은 다양해지고 있으며 더욱 세분화되고 있어요. 자체 콘텐츠를 올릴 수 있는 플랫폼도 늘어나 유튜브, 인스타그램 등을 통해 인플루언서가 될 수 있습니다.

제가 캐릭터 작가로 활동하고 있는 카카오톡 이모티콘 시장만 하더라도, 만 명이 넘는 이모티콘 개인 창작자들이 있으며, 최연소 이모티콘 작가의 나이는 12세, 최연장 작가의 나이는 81세입니다. 정말 멋진 사실이지 않나요!

카카오 보도자료 2021. 11. 29

한국콘텐츠진흥원 2023년 캐릭터산업백서에서 시행한 설문조사에 따르면 최선호 캐릭터, 일명 최애 캐릭터의 최초 인지 시점이 무려 '성인이 된 후'가 반에 달한다고 합니다. 어릴 때 좋아했던 캐릭터 역시, 성인이 되어서도 애정 캐릭터로 적극적인 소비로 이어지는 경우도 많고요.

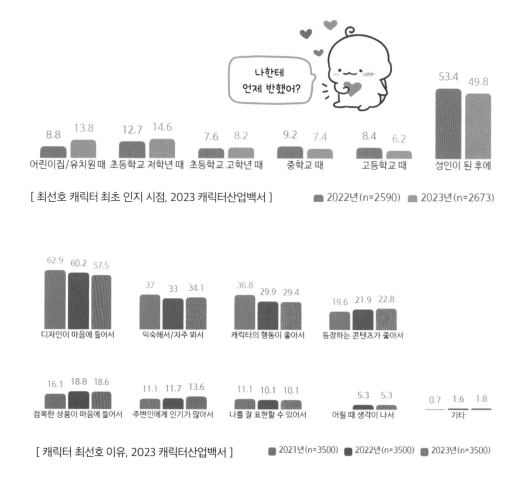

[최선호 캐릭터 최초 인지 시점, 2023 캐릭터산업백서]   ■ 2022년(n=2590) ■ 2023년(n=2673)

[캐릭터 최선호 이유, 2023 캐릭터산업백서]   ■ 2021년(n=3500) ■ 2022년(n=3500) ■ 2023년(n=3500)

캐릭터 최선호 이유는 '캐릭터 디자인이 마음에 들어서'가 가장 높고, 다음이 '캐릭터가 익숙해서/자주 봐서'였습니다. 이어서 '캐릭터의 행동이 좋아서', '캐릭터가 등장하는 콘텐츠가 좋아서'의 이유가 있었습니다.

이 자료에 따르면 외형이 가장 중요해보이지만, **캐릭터 외형에 따른 선호도**
는 2021년 이후로 계속 감소 추세이며, **'캐릭터가 등장하는 콘텐츠가 좋아
서'**의 응답은 증가 추세에 있다고 하네요. 이 부분에서 캐릭터 작가로 활동
할 때 매력적인 외모는 물론, **꾸준한
콘텐츠 활동**이 매우 중요하다는 것
을 알 수 있습니다. 익숙하고 자주 봐
서가 2등 응답지였던 것과 연결돼서
말이죠.

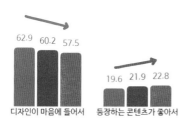

정리하자면, 캐릭터를 만들어 나만의 매력과 이야기를 담아 꾸준히 콘텐츠
를 만들어 얼굴을 많이많이 보이는 것! 이것이 바로 핵심입니다.
세상에는 생각보다 다양한 사람들이 많으며 따뜻한 마음과 관심을 가진
사람들도 많습니다. 나를 사랑해주고 응원해줄 사람이 아주 많다는 이야기
예요. 캐릭터 작가가 되어 이러한 진심을 느껴보았으면 좋겠습니다.
이왕이면 외형, 기술적으로 잘 그리는 것도 좋지만, 아주 단순한 그림체로
팔로워가 몇 만이 넘는 인스타툰 인기 작가도 많아요. 꾸준함과 진심이 핵
심입니다. 진심을 담아 나만의 캐릭터를 만들고, 무대 위에서 신나게 뛰놀
게 해주면 된답니다.

나만의 캐릭터를 만들기 위한 한 권의 여행책을 준비했어요. 캐릭터 이모티
콘 작가로 오래 활동을 하며 직업 특성상 여러 캐릭터를 만들어보고, 기업
을 만나 굿즈도 만들어보고 외주, 협업을 통한 작업도 해보았습니다.
그동안 많은 캐릭터와 여러 작가를 만나왔어요. 누구나 그림을 그릴 수 있
듯이 캐릭터 또한 누구나 잘 만들 수 있고 작가로 사랑받을 수 있다는 것
을 알려주고 싶습니다.

④ 평범한 직장인의 캐릭터 작가 도전기

디자인과 전혀 관련이 없는 직장을 다니고 퇴사를 한 저는 '이젠 내가 하고 싶은 일을 해보고 싶다'는 생각을 했습니다.

누구나 초등학생 때 한 번쯤은 장래희망으로 적어본다는 '화가'. 이 막연한 꿈을 또다시 꾸게 됐어요.

당시 카카오톡 메신저에 이모티콘 작가라는 직업을 알게 되고 도전했는데, 승인 심사가 쉽지 않더라고요. 카카오톡 이모티콘 승인 심사는 지금도 굉장히 난이도가 높아요. 드라마틱하게 한 번에 합격!할 리는 없었습니다. 너무도 당연하게 제 실력은 많이 부족했거든요.

어느 분야에서 필요로 하는 캐릭터 스타일을 전혀 파악하지 못한 채 삽질부터 시작한 거죠. 제가 처음 만들어서 제안한 캐릭터들은 무려 '빨간' 내복을 입은 고양이와, '빨간' 부엉이였습니다.

부엉이 팔비와 빨간 내복 고양이 고양철

대중성이 중요한 이모티콘 시장에서 빨간 부엉이와 빨간 내복의 캐릭터는 상품성이 떨어질 수밖에 없었어요. 이때부터 저는 캐릭터에 대해 조금씩 더 이해하고자 하는 노력을 시작하게 되었어요. 그 뒤로 시장파악과 스타일 개선, 그림 실력 향상을 통해 도전 10개월 만에 첫 승인을 받았습니다. 캐릭터 작가로의 첫 데뷔 기회를 만난 날이었어요.

이때가 그해 12월 마지막 제안이었거든요. 이것을 마지막으로 내고 안 되면

42402	승인	오픈스튜디오 움직이는 이모티콘	귀여운 거북이는 처음일걸? 부기부기 거부기	부기	2018.12.15
41190	미승인	오픈스튜디오 움직이는 이모티콘	천사가 나타났다! 바로 나~	천사티콘	2018.12.03
40610	미승인	오픈스튜디오 움직이는 이모티콘	힐러 등장! 힐이 필요할걸	힐러	2018.11.25
36296	미승인	오픈스튜디오 움직이는 이모티콘	나는 힐러입니다. 두둥	힐러	2018.09.30
35029	미승인	오픈스튜디오 움직이는 이모티콘	서당개 3년이면 훈장님	서당개 3년 시리즈	2018.09.12
33502	미승인	오픈스튜디오 멈춰있는 이모티콘	공주마마 납시오~	나공주 / 어나	2018.08.26
32684	미승인	오픈스튜디오 움직이는 이모티콘	아프니까 티콘이다!	계란고미와 키위냥이	2018.08.18

다시 직장을 구해야겠다는 생각을 했었답니다. 이때 미승인 받고 포기를 했더라면? 포기는 정말 배추 셀 때만 사용해야 하나 봐요.

그 뒤로 이젠 여러 캐릭터 이모티콘으로 작가 활동을 하며 다양한 기회를 얻고 많은 사람을 만나고 있습니다.

국내 첫 이모티콘 클립스튜디오 제작 책을 출간하고, 회원 만 명이 넘는 daum 이모티콘 카페 [이모티콘 만드는 사람들]을 운영하고, 기업과의 콜라보, 굿즈 판매 등 재미있는 경험을 많이 해보고 있어요. 지금도 새로운 캐릭터나 콘텐츠를 기획해보며 작가로의 미래를 계획하고 있습니다.

〈시사매거진〉 기사에 소개된 작가 인터뷰

⑤ 캐릭터는 살아 있다

I onely hope that we never lose sight of one thing -
that it was all started by a mouse.
단 한 가지 우리가 잊지 않기를 바라는 건
바로 이 모든 게 쥐 한 마리에서 시작되었다는 사실입니다.
- 월트 디즈니

캐릭터가 살아 있다는 말은 막연한 마법 주문 같은 말이 아닙니다.
어느 분야에서나 사랑받는 캐릭터는 살아 있는 인물처럼 분명한 성격과 매력적인 이야기를 갖고 있습니다.
펭귄 캐릭터 '펭수'가 사랑받는 이유가 뭘까요. 귀여운 외모? 그보다 더 큰 매력은, 개성 넘치는 사이다 성격과 중독적인 개그 콘텐츠들에 그 비결이 있습니다.

EBS 자이언트펭TV 홈페이지

뽀롱뽀롱뽀로로_ EBS

우리나라 대표 애니메이션 캐릭터 '뽀로로' 역시, 재미있는 모험 이야기를 통해 전 세계를 휩쓰는 K캐릭터의 위력을 보여주고 있습니다.
'망그러진곰' 이모티콘으로 유명한 유랑 작가도 인스타툰으로 캐릭터들의

망그러진곰_ 유랑 @yurang_official

재미있는 이야기를 보여주며 더욱 큰 사랑을 받고 있으며, 교육, 대기업 콜라보 등 개인 작가의 꽃길을 걷고 있습니다.

많은 쥐 캐릭터들이 있지만, 미키마우스가 사랑받는 것은 어딘가에 살아 숨 쉬고 있을 것만 같은 친근한 캐릭터라는 점입니다. 미키마우스를 떠올리면 긴 팔다리를 휘저으며 걸어다니는 모습이 떠오르지 않나요.

캐릭터를 단지 그림이 아닌 생명을 가진 한 존재로 이해하고, 하나의 삶과 생활을 만들어주고자 한다면, 어릴 적 좋아했던 만화 캐릭터처럼 오래오래 우리의 마음속에 친구로 함께할 거예요.

캐릭터를 만들고, **어떤 성격인지 어떤 말을 할지 무엇을 좋아하고 어디에서 무엇을 하고 있는지 상상해보세요.** 어떤 마음으로 내가 이 캐릭터를 만들었는지 가만히 들여다보면 내 캐릭터와 앞으로 무엇을 함께하고 싶은지 깨닫게 될 거랍니다.

6 캐릭터를 그리는 도구

캐릭터 작가가 되기 위해 거창한 장비가 필요하지 않을까? 오해하는 사람들이 많습니다. 그렇지만 손그림을 그리거나 종이 인형으로 콘텐츠를 만들어 큰 사랑을 받는 작가도 많아요. 유튜브, 인스타그램, 트위터 등 다양한 곳에서 활동하는 캐릭터 작가들을 검색해보세요. 캐릭터 콘텐츠를 만드는 것에는 아무런 제약이 없습니다.

대신 내가 만든 캐릭터 콘텐츠를 이미지나 영상으로 디지털화하여 대중에 선보이는 과정은 필수이므로, 보통 일반적으로 디지털 드로잉 도구나 프로그램을 이용하게 됩니다. 그러므로 처음부터 디지털 도구를 익혀서 작업을 한다면 더 좋겠죠?

펜 태블릿 / 액정 태블릿

태블릿은 펜을 사용해 전자 기기를 조작하는 인터페이스 장치를 가리킵니다. 컴퓨터에 연결해서 사용할 수 있습니다. 마우스를 대신하는 펜이라고 이해하면 쉬워요. 저렴한 타사 제품을 사용해도 되지만, 내구성과 성능이 좋은 와콤사의 태블릿을 사용하는 것을 추천합니다.

저는 펜(판) 태블릿을 사용하고 있습니다. 펜(판) 태블릿은 자체 액정이 없

와콤 펜 태블릿

어 PC화면을 보면서 그리기 때문에 적응 기간이 필요하며 작업 시간이 액정 태블릿보다 좀 더 걸리는 편입니다. 하지만 고개를 숙이고 작업하지 않기 때문에 목과 어깨가 덜 아프고 액정 태블릿에 비해 가격이 저렴한 장점이 있습니다. 10만원 전후 제품이면 충분합니다.

액정 태블릿은 태블릿의 액정에 직접 그림을 그리는 방식이라 적응이 빠르고 직관적이며 드로잉 시간도 절약되어 프로 작가들의 필수 그래픽 도구로 사용되고 있습니다. 펜 태블릿보다는 고개를 숙이는 편이라 목, 어깨의 피로도가 있는 편이며 무엇보다 가격이 비쌉니다.

와콤 액정 태블릿

아이패드

또 다른 인기 드로잉 도구로 아이패드가 있습니다. 애플 펜슬이 호환이 되는 모델을 사용해야 하며, 작은 사이즈보단 큰 사이즈의 액정이 그리기에 수월합니다. 휴대성이 좋고 그리기가 쉽고 편하다는 장점이 있습니다. 그림 자체를 재미있게 즐기기에는 아이패드와 같은 패드, 탭 류가 좋다고 생각합니다. 다만 아이패드에서 사용가능한 앱을 써야 하므로, PC용 프로그램과의 차이가 다소 불편할 순 있습니다.

⑦ 드로잉 프로그램

드로잉 도구가 준비됐다면 이제 도화지를 준비해야겠죠!
드로잉 프로그램은 가장 많이 사용하는 것만 소개하겠습니다. 문서를 만들기 위해 워드나 한글이 필요한 것처럼 캐릭터를 그리는 데에도 사용하는 프로그램이 있습니다.

PC 프로그램

손그림 ★★★★★
만화·툰 ★★★★☆
문구·굿즈 ★★★★☆
영상·애니메이션 ★★★☆☆
이모티콘 ★★★★★

포토샵 (유료/월정액제)

#사진 편집도 오케이 #AI 편집도 생김 #학습난이도 수월

포토샵은 사진 편집, 보정에 최적화되어 있지만, 다양한 브러시와 편리한 드로잉 기능 덕분에 일러스트 작업으로도 많이 쓰입니다. 모든 스타일의 그림을 그릴 수 있습니다. 이미지 작업과 애니메이션 작업을 포토샵 하나로 완성할 수 있어서 대중적으로 많이 사용하는 툴입니다. 다만 벡터 형식이 아닌 레스터 형식이라 확대·축소·변형시 이미지가 깨집니다. 원본 그림이 해상도가 작은 경우, 굿즈나 인쇄시에는 큰 해상도로 바꿀 수 없어 새로 그려야 할 수 있습니다.

만약 실체가 있는 작품을 사진으로 찍거나 스캔하여 디지털화시킨다면, 포토샵을 보정 프로그램으로 사용하면 됩니다.

26

일러스트레이터 (유료/월정액제)

#깔끔한느낌 #산업디자인 #학습난이도 중간

일러스트레이터는 산업디자인에 최적화되어 있고, 크기를 줄이고 늘려도 이미지가 깨지지 않는 벡터 방식의 프로그램입니다. 완전한 점선면으로 작업하기 때문에 깔끔한 이미지의 그림을 그릴 수 있고 변형을 쉽게 할 수 있는 장점이 있습니다. 하지만 손그림 같은 부드러운 느낌이 부족하고 움직이는 모션을 만들 때 자체 애니메이션 기능이 없습니다. 로고, 타이포그래피, 딱 각이 떨어지는 공익, 기업 캐릭터를 제작할 때 적합한 프로그램입니다.

손그림 ★★☆☆☆
만화·툰 ★☆☆☆☆
문구·굿즈 ★★★★☆
영상·애니메이션 ☆☆☆☆☆
이모티콘 ★★☆☆☆

클립스튜디오 (유료/월정액제 or 일시불 구매)

#만화 #다양한 기능 #수정의 자유 #학습난이도 중상

클립스튜디오는 일러스트, 만화 제작에 최적화된 그래픽 툴입니다. 웹툰 작업으로도 많이 사용되고 있습니다. 그림을 위한 전문 프로그램이기에 다른 그래픽 툴보다 더 다양한 브러시와 그림에 유용한 기능들이 많습니다. 벡터 레이어와 레스터 레이어를 둘 다 지원하여 자유롭게 복사·붙여넣기, 확대·축소·변형할 수 있습니다. 자체 애니메이션 기능이 있습니다. 포토샵과 일러스트레이터의 장점이 합쳐진 프로그램입니다. 포토샵과 호환이 돼 포토샵 형식으로 저장 후, 포토샵으로 옮겨서 작업하거나 포토샵 파일을 클립스튜디오로 불러올 수도 있습니다.

손그림 ★★★★★
만화·툰 ★★★★★
문구·굿즈 ★★★★☆
영상·애니메이션 ★★★☆☆
이모티콘 ★★★★★

블렌더 (Blender) (무료)

#3D 매력 #개성 #학습난이도 상

블렌더는 무료 3D 그래픽 제작 프로그램입니다. 3D 모델링, 애니메이션, 게임 개발 등 다양한 작업에 사용되고 있습니다. 3D만의 매력을 잘 활용하면 2D에서 낼 수 없는 특별함과 퀄리티를 보여줄 수 있습니다. 학습 난이도는 높지만 강의가 많이 있어 수월하게 배울 수 있습니다.

손그림 ★★☆☆☆
만화·툰 ☆☆☆☆☆
문구·굿즈 ★★☆☆☆
영상·애니메이션 ★★★★★
이모티콘 ★★★☆☆

아이패드 앱

손그림 ★★★★★
만화·툰 ★★★★☆
문구·굿즈 ★★★☆☆
영상·애니메이션 ★★☆☆☆
이모티콘 ★★★★★

프로크리에이트 (유료/일시불 구매)

#간편함 #다양한 기능 #그리는 재미 #학습난이도 수월

아이패드 대표 드로잉 프로그램으로 간편하면서도 다양한 기능을 사용할 수 있습니다. 다양한 그림 스타일을 종이에 그리듯 쉽게 그릴 수 있습니다. UI가 직관적이고 학습이 가장 쉬운 편입니다. 아이패드의 휴대성과 함께 가장 최적화된 드로잉 프로그램입니다.

클립스튜디오 (유료/월정액제)

PC 버전과 동일하나 사용법과 아이콘이 조금 다릅니다.

여기서 잠깐 !!

그리는 도구와 프로그램은 중요하지 않답니다. 추천 도구나 프로그램을 쓰고 있지 않아도 괜찮아요. 애니메이트, 메디방 페인트, Live2D, 3ds Max, 러프 애니메이터, 종이, 엑셀, 파워포인트 등 정말 수많은 프로그램과 붓, 색연필, 찰흙, 모래 등 다양한 도구들이 있어요.

그림을 그리는 사람은 많지만, 캐릭터를 꾸준히 사랑하고 아껴주는 사람은 드물답니다. 많이 보면 정이 들고 친구가 되는 건 캐릭터도 똑같아요. 성실히 콘텐츠를 만들어 올리는 것이 가장 중요합니다.

필수 추천 사이트를 소개합니다. 이 밖에 유용한 다양한 사이트들이 책에서 많이 소개되겠지만 꼭 알아두었으면 하는 유용한 사이트부터 우선 소개합니다.

인스타그램   🔍 https://www.instagram.com

캐릭터 작가로 가장 먼저 우선 추천하고 싶은 사이트는 인스타그램입니다. 개인 작가들의 콘텐츠를 가장 많이 접할 수 있는 SNS입니다. 각종 취미와 관심사를 올리거나 사업 홍보는 물론 인플루언서, 연예인들도 많이 이용하는 브랜딩 공간입니다. 캐릭터, 그림, 이모티콘, 인스타툰, 스티커 등 다양하게 검색해보세요. 인스타그램에 내 캐릭터 콘텐츠를 올리면서 꾸준히 팔로워를 늘려나가면 어느새 작가로의 경험과 기회가 늘어나는 것을 느낄 수 있습니다. 저도 처음 인스타그램을 했을 때, 그림을 올리는 것만으로 작가라는 이야기를 듣는 것이 얼마나 신기하고 낯설었는지 몰라요. 트위터, 페이스북 , 포스타입 등 여러 재미있는 공간이 많지만, 작가라면 고민하지 마시고 인스타그램!

- **추천 콘텐츠 : 일러스트, 인스타툰, 릴스 (짧은 영상)**

유튜브   🔍 https://www.youtube.com

인스타그램이 쉽고 편하게 콘텐츠를 자유롭게 올리기 좋은 곳이라면, 유튜브는 짧거나 긴 영상 콘텐츠가 주가 되기 때문에 영상을 만들고 편집해야 합니다. 캐릭터와 그림을 활용한 콘텐츠는 더욱 친근하고 중독성이 있어 팬을 잘 늘려갈 수 있습니다. 유튜브는 꾸준한 활동으로 구독자 1,000명, 시청 시간 4,000시간 이상이 되면 구글 애드센스 광고를 달 수 있고 정산 수익을 얻을 수 있습니다.

- **추천 콘텐츠 : 영상, 애니메이션, 쇼츠 (짧은 영상)**

카카오톡 이모티콘샵   🔍 https://e.kakao.com

캐릭터 작가로 가장 효율적으로 입문하고 인정받는 루트는 이모티콘 작가가 되는 방법이 있습니다. 매일 많은 사람들이 사용하는 메신저에 내 캐릭터 이모티콘이 출시되어 사랑받고 수입을 얻을 수 있습니다. 카카오톡 이모티콘샵이 대표적이며, 카카오톡 이모티콘샵에 매일 출시하는 이모티콘들, 인기 이모티콘들을 살펴보면 다양한 캐릭터 트렌드와 신선한 감각을 엿볼 수 있습니다. 이모티콘 캐릭터로 인기 작가가 되고 큰 수입을 버는 작가들도 아주 많답니다.

카카오톡 이모티콘은 카카오 이모티콘 스튜디오 (https://emoticonstudio.kakao.com/)에서 제안할 수 있습니다. 나의 콘텐츠에 캐릭터가 사용된다면 부가적으로 이모티콘도 만들어 판매하는 형식으로 부가가치를 극대화할 수 있습니다. 다만 이모티콘 입점 심사 난이도가 높아 관련 교육이 필요할 수 있습니다.

• 추천 콘텐츠 : 움직이는 이모티콘, 멈춰있는 이모티콘, 큰 이모티콘

핀터레스트   🔍 https://www.pinterest.co.kr

핀터레스트는 이미지 공유형 소셜 미디어 사이트입니다. 각종 분야의 감각적인 이미지 자료들을 보며 영감을 얻을 수 있습니다. 캐릭터를 검색하면 국내외 다양한 캐릭터 이미지가 나옵니다. 카카오톡 이모티콘샵과 함께 많이 보고 안목을 키울 수 있는 학습 사이트로 추천하고 싶습니다.

미리캔버스   🔍 https://www.miricanvas.com

무료 이미지와 각종 템플릿을 사용해 간편하게 이미지 콘텐츠를 만들 수 있는 사이트입니다. 홍보 이미지나 첫 페이지에 노출되는 이미지를 만들 때 예쁘게 만들려면 정성이 많이 필요한데, 미리캔버스를 이용하면 감각 있는 이미지를 손쉽게 만들 수 있습니다. PPT와 동영상도 만들 수 있습니다.

어도비 kuler 트렌드

https://color.adobe.com/ko/trends

어도비의 색상 관련 사이트로, 색상 조합 팔레트나 각 산업 분야별 색상 트렌드 자료를 참고해볼 수 있습니다. 색상 감각을 익힐 수 있는 좋은 사이트입니다.

컬러 헌트

https://colorhunt.co

다양한 색상 조합 팔레트를 조회할 수 있는 깔끔한 사이트입니다. 세련된 색상 조합은 작업물에 영향을 많이 주기 때문에 어도비 컬러와 컬러 헌트를 종종 참고해보는 걸 추천합니다.

눈누

https://noonnu.cc

상업용 무료 한글 폰트 사이트로 이미지에 함께 들어가는 예쁜 글씨를 쉽게 찾을 수 있습니다. 저작권 사용 범위를 꼭 확인하고 사용해주세요.

콘텐츠 코리아랩, 콘텐츠진흥원

콘텐츠 코리아랩, 콘텐츠진흥원을 검색하면 각 지역별로 다양한 무료 교육이나 지원사업을 진행하고 있습니다. 이모티콘, 인스타툰, 유튜브, 웹툰 등 디지털 드로잉·e콘텐츠 개발 무료 교육도 주기적으로 있으므로, 가입하여 교육 정보를 받아보는 것을 추천합니다.

1장, 캐릭터의 세계를 가볍게 살펴보았는데요.
캐릭터 작가가 될 마음의 준비가 되셨나요?

이제 **2장부터 캐릭터를 만들기 위한 워밍업**에 들어갑니다.
2장에서 캐릭터에 대한 기본 특징을 살펴보고 스타일 분석을 거쳐

3장 캐릭터 만들기 실습 파트에 들어가
캐릭터 만들기의 모든 것을 쏙쏙 살펴볼 거예요.
그렇게 나의 캐릭터 만들기 실습을 해보고

4장으로 넘어가
내가 만든 캐릭터를 어떻게 활용하고
무엇을 할 수 있는지 산업 전반의 경험을 소개합니다.

그리고 마지막 **5장에선**
작가로 할 수 있는 프로페셔널한 준비사항들을 살펴볼 거니깐요.
재밌게 따라와주세요.

PART 2

캐릭터 만들기 전 워밍업!

아주 작은 열쇠로도
아주 무거운 문을 열 수 있다

캐릭터를 만들기 전, 캐릭터의 기본 특징과 스타일 분류를 살펴보겠습니다. 적재적소에 딱 맞는 캐릭터를 만들기 위해서랍니다. 캐릭터에 대한 이해를 바탕으로 우리는 효과적인 캐릭터 만들기 전략을 세울 수 있게 됩니다. 먼저, 캐릭터의 기본 특징을 살펴보아요.

단순화, 추상화 : 대상의 기본 특성이나 핵심 특징 위주로 단순하게 나타냅니다.

선, 그림자, 주름, 색상 등 캐릭터화 대상의 복잡한 디테일을 제거하거나 간소화하여 표현합니다. 이와 관련된 기법을 데포르메 기법이라고 합니다.

여기서 잠깐!! 캐릭터를 만들 때 많이 쓰이는 데포르메 기법 ✕

〈져니 @rick_jyeoni〉

데포르메 Deformation (=데포르마시옹)
자연을 대상으로 한 사실 묘사에서 이것의 특정 부분을 강조하거나 왜곡하여 변형시키는 미술기법
(두산백과 두피디아)
SD 캐릭터는 사람 형태의 캐릭터를 2등신, 3등신으로 표현하며 데포르메 기법을 사용합니다. Super Deformaion Character의 약자입니다.

상징성 : 캐릭터로 나타내고자 하는 사물이나 개념을 함축합니다.

부기는 초록색이 아닌 하얀 얼굴의 거북이지만 등껍질이나 외형으로 '거북이'의 상징이 있습니다. 콘텐츠 속 캐릭터가 지향하는 상징성도 있는데요. 뽀롱뽀롱 뽀로로 캐릭터들은 친구들과의 신나는 우정 스토리를 위해 '밝고 건강한 아이'라는 상징성을 갖고 있습니다. 각 기업의 대표 마스코트들 역시 기업의 가치와 상징을 함축하여 만들어지고 있습니다.

목적성 : 필요로 하는 역할과 목적을 수행합니다.

캐릭터는 콘텐츠 활용, 홍보·마케팅, 브랜딩, 상품 제작 등 캐릭터를 만들어 사용하고자 하는 목적을 수행합니다. 캐릭터를 기획할 때 이 목적에 맞게 만드는 것은 중요한 기본사항입니다.

일관성 : 식별되는 정체성으로 외형, 성격, 특성이 일관적으로 유지되어야 합니다.

캐릭터는 하나의 정체성을 갖고 누구나 '그 캐릭터'라고 인지할 수 있어야 합니다. 캐릭터가 일관성을 가지면 콘텐츠도 캐릭터와 하나로 녹아들어, 존재감이 있는 매력적인 캐릭터 IP가 됩니다. 또한 퀄리티를 유지함으로써 캐릭터의 브랜딩 이미지를 좋게 만듭니다.

시대, 문화성 : 시대와 문화 민감성을 고려해야 합니다.

캐릭터는 개인 소장품이 아닌 대중문화 상품입니다. 대중성을 갖기 위해 시대와 문화에 적합한 캐릭터가 되어야 합니다. 대중이 납득하기 어려운 캐릭터는 외면당할 수 있습니다.

다양, 독창성 : 다른 캐릭터와 구별되고 기억될 수 있는 개성을 가져야 합니다.
콘텐츠에 따라 개성 강도는 다르지만, 캐릭터는 창작물로서 다양성과 독창성을 지녀야 합니다. 너무 흔하거나, 특정 캐릭터와 흡사한 외모를 갖는 경우 저작권 문제가 생길 수 있습니다.

대중성 : 일반 대중이 친숙하게 느끼고 즐기며 좋아할 수 있어야 합니다.
캐릭터는 확산·공유되는 콘텐츠나 상품과 함께 만들어지기 때문입니다.

캐릭터의 기본 특징들은 당연한 내용이면서도 개발하면서 한두 개씩 꼭 놓치는 부분이기도 합니다. 공모전이나 의뢰 작업을 할 때는 목적성과 상징성을 더욱 신경 써서 살펴야 하며, 대중이 좋아하는 이모티콘이나 애니메이션 콘텐츠를 만들 땐, 시대·문화성과 대중성을 주요 포인트로 고려해야겠죠. 개성이 중요한 콘텐츠에서는 과감하게 독창성을 갖고 기획하고 강약 조절이 참 중요하답니다.

소재와 표현법으로 분류하기

캐릭터를 크게 소재와 표현법으로 분류해보면 다음과 같습니다.

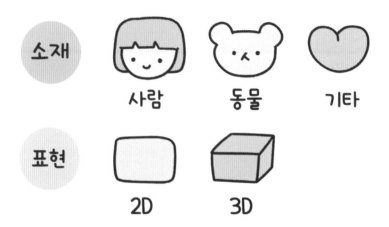

소재로는 사람, 동물, 기타로 나뉘며, 표현법은 평면의 2D, 입체물인 3D로
나눌 수 있습니다. 이렇게 구분해서는 캐릭터의 이해가 부족하죠? 캐릭터
를 더 자세히 이해하기 위해 이번에는 스타일별로 분류해보겠습니다.

스타일별로 분류하기

대중, 친근 스타일
개성보다 대중성을 중시해 복잡한 디자인을 쓰지 않아 취향을 크게 타지 않습니다. 누구나 좋아할 스타일입니다. 눈에 편한 색을 쓰며 장식은 최소한으로 합니다. 따라 그리기 쉬운 특징도 있습니다. 이모티콘과 같이 자극적이지 않으면서 일상적인 콘텐츠에 적합합니다.

#공감과_호감_중요 #단순하게 #개인작가_선호 #개성_적당히

교과서, 삽화 스타일

기억에 남는 스타일은 아니지만 깔끔하고 퀄리티가 있습니다. 저작권과 상관없이 콘텐츠만을 위한 이미지 작업물입니다. 개성보다 무난함을 추구하며, 메인 콘텐츠를 더욱 알차게 꾸며줄 수 있습니다. 홍보·정보 전달용 콘텐츠와 잘 어울립니다.

#깔끔 #정직 #정석 #개성×

동화책, 고퀄리티 스타일

높은 퀄리티와 개성있는 드로잉 기법을 뽐낼 수 있는 스타일입니다. 아무나 따라 그릴 수 없고 고유한 특별함이 있습니다. 트렌드 확산형 산업 분야보다 일러스트, 동화와 같은 예술 분야에 어울립니다.

#고퀄리티 #일러스트풍 #개성 #아트

판다마우스_ 하야루비

기업, 비즈니스 스타일

회사 마스코트 같은 느낌으로 개성이 있으며 퀄리티가 있습니다. 단순하고 깔끔한 대중성보다는 기업 스타일을 반영해 중독적인 개성을 부여합니다. 지자체, 공익 스타일과 비슷한 편이지만 세련되고 트렌디합니다. 기업이 원하는 이미지나 상품의 상징성을 담습니다.

ex) 롯데홈쇼핑 벨리곰, 진로 두꺼비, 빙그레 빙그레우스

#개성 #중독성 #기업이미지 #트렌드

프렌즈 스타일

카카오프렌즈, 라인프렌즈처럼 특정 프로젝트, 컨셉을 위해 팀 단위의 캐릭터를 개발하는 경우입니다. 산업 분야에 쓰기 좋게 검은 테두리에 깔끔한 외형으로 그립니다. 팀원끼리 색상, 외형으로 차이를 주면서 전체적인 통일감을 갖고 있습니다. 주로 친숙한 동물이 많습니다.

#개성 #다양한_색상 #검은테두리 #깔끔

애니메이션 스타일

뽀로로, 포켓몬스터처럼 캐릭터에 강한 개성을 주어 독창적인 스타일을 추

구합니다. 한 번 보면 중독되는 매력을 가진 등장인물들을 만듭니다. 흔하지 않은 외형과 장식, 소품이 활용되며 강한 색이 사용됩니다.
#개성 #다양한_색상 #다양한_성격 #고퀄리티

지자체, 공익 스타일

지자체 캐릭터는 용, 갈매기, 과일과 같이 특이한 소재의 지역 특성을 넣은 캐릭터를 만들어야 하기 때문에 개성이 강하고 복잡한 편입니다. 공익 캐릭

경찰청 마스코트 포돌이   상주 특산물 소재_엠피

터도 마찬가지입니다. 대중적인 요소로 캐릭터를 만드는 것이 아니라서 촌스러워지거나 장식이 많아져 좋은 디자인에서 어긋나곤 하지만, 요즘은 최신 트렌드를 따라 센스 있고 매력 있는 캐릭터가 늘어나고 있습니다. 이런 지자체 캐릭터들은 큰 인기를 누리고 있습니다. 다양한 지자체 캐릭터 공모전이 매년 있기 때문에 그때 만들어볼 기회가 생깁니다.

#개성 #의미와_상징성_중요 #지역_친화 #장식_많음

개성파 스타일

쉽게 생각하지 못할 독보적인 스타일, 또는 엉뚱함, 과감함으로 캐릭터를 만들어, 개성과 존재감을 어필하는 스타일입니다. 중독성에 팬덤을 만들기 좋습니다.

유튜브 애니먹

#개성 #콘텐츠_친화 #구독자와의_소통

3D 스타일

전문적인 영역의 3D 캐릭터들은 고퀄리티로 만들어져 애니메이션, 게임, 영화 등 여러 분야에서 주목을 받습니다. 대충 만든 3D 캐릭터도 매력이 많습니다. 잠재력이 높은 스타일입니다.

#입체 #특정_용도 #개성

문구, 굿즈 스타일

문구, 굿즈에 많이 쓰이는 캐릭터는 굿즈 품목에 잘 어울리며 조화로운 캐릭터 디자인이 인기가 많습니다. 깔끔한 선의 유명 캐릭터 미피, 키티, 몰랑이처럼 누구나 좋아할 스타일로 기획합니다. 스티커나 소품에는 무테 캐릭터도 많이 사용됩니다.

#깔끔선 #단순 #대중성 #산업_친화

몰랑이

지금까지 다양한 캐릭터 스타일을 살펴보았습니다. 캐릭터는 분야별로 스타일이 다릅니다. 이러한 스타일을 스스로 분류해서 판단할 수 있는 안목을 만들어야 적재적소에 필요한 캐릭터를 기획할 수 있습니다.

캐릭터에는 용도와 목적이 있다 ③

캐릭터를 만드는 목적은 여러 가지가 있습니다.

- 콘텐츠를 더 매력적으로 꾸미려고
- 나를 대신해 나의 메시지를 전달하기 위해
- 대중의 인기와 사랑을 받는 캐릭터를 만들고 싶어서
- 상품에 디자인으로 넣기 위해
- 어느 이야기 콘텐츠에 등장할 캐릭터가 필요해서 등등

이런 다양한 목적을 염두에 두고 만든다는 사실을 기억해야 합니다.

예를 들어 매일 시시콜콜한 대화를 주고받는 메신저에 들어가는 캐릭터를 만든다고 하면, 감정 표현이 잘 보이고 전달하려는 메시지의 동작을 잘하는 캐릭터를 만들어야겠죠. 여성 화장품 용기에 들어가는 캐릭터라면 트렌디하면서도 여성이 좋아하고 제품 이미지와 잘 맞는 캐릭터를 만들어야 할 거예요.

용도와 목적에 맞는 캐릭터 개발은 당연한 말 같으면서도 생각보다 그 포커스를 맞추는 것이 쉽지 않답니다. 캐릭터를 만들기 전에 내가 캐릭터를 만드는 목적을 정리하고, 그것과 맞는 전략을 발상해보는 시간이 꼭 필요합니다.

내가 캐릭터를 만드는 목적은 무엇인가요?

- 인기 유튜브의 주인공을 만들고 싶어요.
- 인스타그램에 캐릭터로 만화를 올리고 싶어요.
- 이모티콘에 제안할 귀여운 캐릭터가 필요해요.

목적에 맞는 캐릭터 전략은 무엇일까요?

- 커플 인스타툰을 올릴 거니깐 누구나 자신을 투영할 수 있는
  사랑스러운 커플 캐릭터를 만들어야겠구나.
- 귀여운 이모티콘 캐릭터를 만들 거니깐 인기 있는 귀여운 이모티콘들이
  어떤 스타일인지 찾아보고 밀리지 않는 귀여운 캐릭터를 만들자.
- 개그 콘텐츠 유튜브 캐릭터를 만들 거니깐 누가 봐도 웃기게
  개성 넘치게 만들자!
- 공모전에 낼 캐릭터를 만들 거니깐 이전 수상작과 주최사의 특징을
  살펴봐야지.

용도와 목적에 맞는 캐릭터 스타일을 잡으려면 어떻게 해야 할까요? 바로 시장조사입니다. 유튜브용 캐릭터를 만들고 싶다면 잘나가는 유튜브 캐릭터를 찾아보세요. 캐릭터들을 찾아보며 어떤 매력이 있는지, 어떤 스타일 포인트가 영상과 잘 어울리는지 파악해본다면 창작 힌트를 얻을 수 있습니다.

내가 만들 캐릭터의 시장조사는 어디서 할 수 있나요?

- 모바일 카카오 이모티콘샵에서 인기 이모티콘 순위 또는 고양이 검색
- 인스타그램에서 인스타툰 또는 스티커 검색
- 검색 포털에서 화장품 캐릭터 작가 콜라보 검색

어떤 스타일의 캐릭터가 있는지 특징을 메모하세요. 틀려도 됩니다. 관찰하는 시간이 의미가 있답니다.

- 화장품 : 주로 인기 작가나 대기업 캐릭터와 콜라보 진행,
  캐릭터는 단순하고 깔끔한 편이며 트렌디함이 중요하다.
- 이모티콘 : 스타일이 다양하고, 그리기 쉬워 보이는 스타일이다.
  흰색 캐릭터와 동물이 많다.
- 유튜브 : 개성이 강하고 분명하며, 색감이 강하게 들어가는 것이 좋아 보인다.

⑤ 그림 실력 빠르게 늘리는 방법

내가 잘 그릴 수 있을까 걱정하지 마세요. 누구나 처음부터 그림을 잘 그리는 건 아닙니다. 꾸준히 그리면 아주 정직하게 실력이 늘어납니다. 그렇다고 캐릭터 시장에서 실력이 제일 중요한 것도 아니랍니다. 처음 도전하는 시장이라면 그림 실력이 부족해서가 아니라 그 시장 특징을 잘 알지 못하기 때문에 어려움을 겪을 수 있습니다. 실제로 이모티콘도 그림 실력은 좋은데 계속 미승인을 받는 경우가 많이 생기거든요.

위에서 살핀 것처럼 목적과 용도에 따라 먹히는 캐릭터 스타일이 다릅니다. 꼭 잘 그린 캐릭터가 인기가 제일 많은 건 아니거든요. 꼬불꼬불 대충 그린 듯한 느낌도 큰 사랑을 받을 수 있습니다.

그렇다면, 시장에 적합한 그림 실력을 빨리 늘리는 방법에 대해서 알려드리겠습니다.

내가 만들 캐릭터의 시장조사를 한다

폴더를 만들어 인기 캐릭터들의 이미지를 쭉 캡처, 다운로드하여 모으거나, 캐릭터 레퍼런스를 많이 볼 수 있는 사이트를 찾아둡니다. 인기 캐릭터가 아니더라도 내가 선호하거나 지향하는 스타일의 캐릭터들을 모아도 됩니다.

시장에 맞춘 안목을 만든다

옛날에 그린 그림이나 글을 보면 손발이 오그라드는 부끄러움이 느껴지지 않나요. 그 당시에는 안목이 좋지 않았기 때문에 내 그림이 무엇이 부족한지 못 느끼던 시절이었거든요. 그래서 시장조사를 꼭 하는 거랍니다. 시장에 어떤 스타일이 필요한지 파악하는 목적도 있지만 내가 어느 정도 퀄리티까지 실력을 올릴지, 내가 어느 정도 실력이 부족한지 알 수 있습니다. 내 실력이 만족스럽게 올라올 때까지 계속 보면서 안목을 높여야 해요. 저도 이모티콘 작가로 실력이 오를 때까지 매일 인기 이모티콘을 분석하고 신규 이모티콘을 체크하곤 했습니다.

똑같이 따라 그리는 연습을 하면 열 배로 빨리 는다

손으로 직접 그려본다면, 눈으로만 익히는 것과는 다른 열 배를 배울 수 있게 돼요. 미술 입시 학원을 가도 선 긋기와 석고상 그리기를 하잖아요. 내가 직접 모든 과정을 끝까지 그려보는 것, 그리고 많이 그리는 건 사실 선택이 아니라 필수일 거예요. 테두리 색, 선 굵기, 비율, 완성도까지. 눈으로 볼 때는 몰랐지만 실제로 그려보면 생각보다 어렵고 신경 쓸 게 많았다는 것을

깨닫게 됩니다. 컴퓨터로 똑같이 그리도록 연습을 해보거나, 아니면 종이에 연필로라도 그려보아도 좋아요. 주의할 것은 연습으로만 그리고 표절은 불법이라는 것을 기억합시다.

정공법! 뭐든 많이 그리다보면 실력이 는다

빨리 느는 방법을 소개했지만, 어차피 많이 그리다 보면 실력이 늡니다. 중요한 건 꺾이지 않는 마음이라고 하죠. 누구나 나만의 그림 스타일이 있습니다. 꼭 잘 나가는 캐릭터를 보고 안목을 키우지 않더라도, 나만의 스타일을 다듬고 또 다듬다 보면 만나게 되는 경지가 있는 법이죠. 시간과 노력은 배신하지 않습니다. 하지만 어느 정도 기본기와 안목이 있는 상태에서 쌓아 올리는 것이 현명한 선택이라고 생각합니다. 미술학원이나 만화학원, 또는 콘텐츠 코리아랩의 무료 강의, 인터넷 강의 등을 이용해서 학습하는 것도 추천합니다.

제가 몇 년간 이모티콘 카페를 운영하며 캐릭터와 이모티콘 피드백을 해오며 많은 분의 승인을 도와드렸는데, 제가 피드백을 하며 가장 중요하게 생각하는 포인트가 있습니다. 바로 **본인의 장점과 스타일**을 알 수 있도록 해주는 것입니다. 이모티콘 분야에서는 특별히 엄청난 그림 실력이 필요하진 않습니다. 상품성과 매력이 있으면 됩니다.

부족한 점을 보완하는 것은 평균을 달성하기 위함이고, 잘하는 것을 아는 건 내가 만들 수 있는 상품성과 매력을 끌어올리는 일이랍니다.

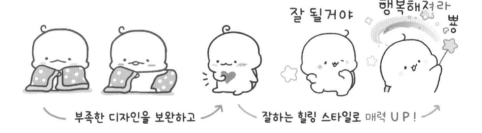

부족한 디자인을 보완하고 → 잘하는 힐링 스타일로 매력 U P ! →

내가 아이디어가 뛰어난지, 개성이 있는지, 10대들이 좋아하는 스타일인지, 30대 이상이 좋아하는 스타일인지, 귀여운 걸 잘 그리는지, 유머가 있는지 등 나를 잘 들여다보면 좋은 무기가 있으며 이것을 잘 이용하면 필살기가 나오는 것입니다.

마찬가지로 모든 분야에서 캐릭터의 진정성과 매력이 메인 콘텐츠를 돋보이게 할 수 있습니다. 언제나 캐릭터는 나에게서 태어나 나를 통해 말한다는 사실을 기억해주세요.

내가 잘 알거나
잘 하는 것

머리

나의 말투, 주로 하는 이야기

입

가슴

내가 좋아하는 캐릭터

엉덩이가 책상에 붙었어요! 나의 하루는?

엉덩이

내가 자주 가는 곳은?

순간이동 여행을 한다면 어디로!

다리

실습! | 나를 꼼꼼히 알아봅시다

나를 이해하면, 내 안의 가장 진솔한
매력 있는 캐릭터를 꺼낼 수 있답니다.

눈

내가 좋아하는 것, 관심사

귀

나의 주변 사람들 성격과 특징

내가 주로 만들거나 그리는 것

손

배

나를 행복하게하는 칭찬은?

⑦ 일상에서 아이디어 수집하기

마지막 워밍업은 일상에서 아이디어를 수집하는 습관을 갖는 것입니다. 습관이 낳는 결과물이 쌓이면 정말 어마어마한 자산이 되거든요. 일상 속 모든 소품들을 한번 쭉 살펴보세요. 어느 것 하나 디자인 설계 없이 만들어진 것이 없답니다. 책은 왜 네모일까? 까지 의문을 갖다 보면… 너무 산으로 갔나요? (웃음) 내가 좋아하는 만화의 주인공과 주변 캐릭터의 외형을 비교해보아도 서로 겹치지 않게 각자의 디자인이 설계되어 있답니다. 캐릭터도 가만히 보면 각 부위별로 그리는 방법이 달라요. 모자는 무테로 면으로만 그렸고 캐릭터 외형 테두리만 선으로 그리는 식으로 말이죠.

관심을 갖고 쳐다보면 공부할 수 있는 것들이 가득하답니다.

콘텐츠 많이 보기

세상에 정말 많은 캐릭터가 있죠. 제가 〈파워퍼프걸〉 애니메이션을 처음 봤을 때, 그 개성 넘치고 과감한 디자인에 큰 감명을 받았던 기억이 납니다. 여러분의 기억에 남는 캐릭터는 무엇인가요. 물, 불 등 자연원소로 캐릭터를 만든 〈엘리멘탈〉 애니메이션, 펭귄 캐릭터를 아주 개성 있게 표현한 펭수 등 일상에서 접하는 캐릭터들은 우리에게 창작의 한계점을 자극시킵니다. 콘텐츠를 보면서 좀더 작가의 관점으로 접근하는 자세가 필요합니다. 불 캐릭터를 저렇게 표현할 수 있구나, 눈을 저렇게 그리는 것도 매력 있구나 등 작가의 관점으로 배울 수 있는 것들이 참 많답니다.

상상하기

콘텐츠가 아니더라도 캐릭터 상품, 일반 사물, 심지어 자연 풍경을 보다가 소재를 얻기도 하며, 누군가의 고민, 어느 재미있는 상상에서 캐릭터를 만날 수 있습니다. 뽀롱뽀롱 뽀로로 친구들도 악당이 없는 눈 덮인 숲속 마을에서 태어났으니깐요.

지금 내 눈앞에 딱 보이는 무언가로 한번 아이디어 발상을 해볼까요!

스피커가 눈에 보여요.

스피커를 캐릭터화한다면, 음악 유튜브용으로 캐릭터를 만들어볼까요. 스피커에 눈이 달리고 손발을 달아주고, 이왕이면 손과 발을 음표로 달아버리죠!

눈도 음표로 만들래요. 큰 스피커 입을 뻐끔뻐끔거리며 노래를 잘 불러요. 유튜브 콘텐츠는 인기 순위 음악을 소개하거나, 직접 만든 무료 음악을 올리는 채널을 만들면 딱이겠네요.

하나 더 해볼까요? 색펜이 보여요.

이 색펜은 일단 무지개색으로 7명의 캐릭터를 만들어요. 그리고 각각 색상마다 성격을 부여해요. 빨간펜은 화를 잘 내고, 주황펜은 수줍음이 많고, 노란펜은 밝고, 초록펜은 순수하고, 파란펜은 멋있고, 남색펜은 진지하고, 검은색펜은 비밀이 많은 성격으로요. 몸이 얇아서 눈이 잘 안 보일 수 있으니깐 눈은 과감하게 크게 달아버리죠! 다리를 달아버리려니 좀 애매해서, 이 펜들은

종이를 마법처럼 이용할 줄 아는 초능력을 줄게요. 그래서 종이에 날개를 그려서 몸에 달면 날 수 있고, 다리를 그리면 걸을 수 있어요. 이러면 애니메이션이 한 편 뚝딱이죠?

내 주변 가까이에 있는 사물을 캐릭터로 상상해봅시다!

• 어떤 사물이 보이나요?

• 캐릭터로 변신시켜줍시다. 상상을 해보아요!

낙서를 하다 보면 보물을 캐낸다

낙서를 많이 하는 것도 좋아요. 책 《모든 멋진 일에는 두려움이 따른다》(이연 저)을 보면 "아이러니하게 그림이 제일 잘 그려졌던 종이는 시험지 혹은 교과서 구석이었다"라는 대목이 나옵니다. 이처럼 실제로 일상의 곳곳에 보물이 피어나곤 합니다. 저도 가끔 건질 만한 캐릭터가 예상치 못한 곳에서 그려졌을 때 가위로 오리거나 카메라로 찍어서 보관하곤 합니다. 그리고 때때로 캐릭터 브레인스토밍 시간을 가져 마구 그려볼 때도 있어요.

그렇게 수집한 낙서들을 아이디어 창고 폴더를 만들어서 잘 모아둡니다. 세상에 나오면 큰 인기를 얻을 수도 있는 비장의 캐릭터가 이곳에 있다고 상상하면, 마음이 든든해진답니다.

★ 캐릭터연구

공부하며 쌓은 지식은 시간이 지나면서 희미해지지만
공부해나갔던 자세만큼은 머리가 아닌 몸에 새겨진다
- 다산 정약용

캐릭터 만들기 실습 스타트

캐릭터 창작 계획표

이제 캐릭터 만들기 실습에 들어가보도록 하겠습니다. 2장에서 캐릭터의 분류와
용도를 살펴본 것이 기억나나요? 간단하게 캐릭터 창작 계획을 체크해보며 방향
을 잡아봅시다.

어디에 사용할 캐릭터인가요?
ex) 이모티콘, SNS, 유튜브, 마스코트 제작

내 캐릭터는 주로 어떤 콘텐츠에 쓰이나요?
ex) 채팅 대화, 카페 마스코트, 일상 만화

내 캐릭터의 목표는?
ex) 이모티콘 1등, 귀요미, 개그, 사업

내 캐릭터의 메인 소재는 무엇이 좋을까요?
ex) 동물 (토끼, 곰), 사물 (책, 커피콩), 사람 (딸, 대학생) 등

메인 소재의 어떤 매력을 강조해야 할까요?
ex) 딸의 귀여움, 책의 스마트함, 원숭이의 장난끼, 순수함 등

내 캐릭터에 해당되는 스타일들을 체크해주세요.

☐ 깔끔   ☐ 단순   ☐ 개성 넘치게
☐ 고퀄리티   ☐ 러블리   ☐ 큐티
☐ 잘생김   ☐ 개그   ☐ 성숙
☐ 자유롭게

내 캐릭터의 중요 키워드 5개를 적어보세요.
ex) #힐링 #동물 #맑은눈 #파스텔색 #귀여움

이제 단계별로 캐릭터 만들기 실습을 진행할 거예요.
위 창작 계획표를 꼭 작성해보고 한 단계씩 재밌게 따라와 주세요.

단계
순서

등신 비율

눈코입

얼굴형

몸

옷, 무늬, 소품

테두리 선 스타일

채색

이 모든 순서가 꼭 차례가 중요한 것은 아니에요. 내가 가장 먼저 중요하게 생각하는 포인트를 잡고 그것을 바탕으로 하나하나 채워나가는 것도 좋은 창작 방식입니다.

우연히 그린 너무 예쁜 눈이 있어요. 그렇다면 이 눈을 꼭 살려서 캐릭터를 만들고 싶어지거든요. 실제로 눈만 따로 저장해서 수집해놓기도 해요. 나중에 이 눈을 새로운 캐릭터를 개발할 때 사용하여 더 매력적인 캐릭터를 만들어낼 수 있겠죠?

통통하고 납작한 몸을 가진 햄스터 캐릭터를 만들고 싶다면, 통통하고 납작한 몸부터 먼저 그립니다. 그리고 어울리는 무늬와 눈코입을 넣어주면 됩니다.

먼저 통통하고 납작한 몸을 만들고   완성 ☆

필요에 따라 순서를 내가 원하는 대로 조합해서 캐릭터를 만들어보아도 좋습니다.

(1) 캐릭터의 등신 비율을 정해보자

캐릭터의 등신 비율은 사람의 비율처럼 나이대와 인상을 좌우합니다.

〈여요미의 비율별 느낌 차이〉

1등신   1.5등신   2등신   3등신   4등신

캐릭터에서 가장 많이 쓰이는 비율은 1.5~3등신 사이입니다. 아이, 어린 동물들과 같은 비율로 가장 친숙하고 귀여우며, 가장 많이 사용하는 모바일의 작은 화면에서도 공간 효율이 좋습니다. EBS 유아동 애니메이션 캐릭터의 79.1%가 1.5~2.9등신 이하에 해당한다고 합니다. (인체비례론에 근거한 EBS 유아동 애니메이션 캐릭터 등신비율 분석 / 김석래, 정진헌)

〈뽀롱뽀롱 뽀로로〉 루피 1.9등신   〈뽀롱뽀롱 뽀로로〉 포비 3등신

캐릭터를 만들며 내 캐릭터가 어느 정도 연령대인지, 어떤 느낌을 줘야 하는지, 어떤 비율이 가장 잘 어울리는지 잘 고려해서 만들어주세요.

한 가지 더 고려해볼 부분이 있는데, 캐릭터는 용도에 맞춰 동작 또는 표현 활동이 있기 때문에, 내 캐릭터의 움직임 범위에 따라 어떤 비율이어야 할 지 더욱 신중하게 생각해봐야 합니다.

1,2등신처럼 팔다리가 짧아질 수밖에 없는 캐릭터라면 동작이 제한적이기 때문에 대개 귀여운 움직임을 보입니다.

이를 해결하기 위해 과 장시켜 고무줄처럼 늘 어나는 동작을 취하는 경우가 많습니다.

팔다리가 짧아 귀엽지만 댕청한 후드댕

춤을 많이 춘다든지 축구공을 많이 차는 캐릭터라면 발과 손의 포인트가 중요합니다. 이런 경우 3등신 이상으로 그리거나 발을 납작하고 크게 그려 주요 동작 포인트를 살릴 수 있습니다. 내 캐릭터가 어느 정도의 움직임이 필요한지 점검해봅시다.

다리가 짧고 눈이 작다고 걱정하지 마세요. 만화적 표 현으로 얼마든지 과감한 표현을 할 수 있으니깐요. 얼 굴이 사나운 맹수처럼 변하거나, 머리 위로 불이 솟구 치거나 뛰어오를 때 다리가 쭉 늘어나거나, 무언가를 바랄 때 눈이 두 배 넘게 커지며 반짝거리는 등 재미 있는 만화적 표현들을 사용할 수 있습니다.

> **만화적 표현**
> cartoonish expression
>
> 과장된 비례의 등장인 물을 사용하거나 과장 된 몸짓으로 표현하는 영상 표현 기법

눈이 두 배로 커진 부기

불처럼 화내는 댕칠이, 늘어난 팔

캐릭터의 묘미는 이러한 만화적 표현을 재치 있게 활용할 수 있는 표현력에서 나옵니다.

얼굴과 배의 크기가 과장되어 수면 호흡하는 댕칠이

하지만 애니메이션이라든가 몸동작으로 재미를 주는 이모티콘 캐릭터 같은 경우는 팔다리를 위의 캐릭터처럼 짧게 그리는 것보다는 기본 비율로 잡고 들어가는 것이 더 작업이 편합니다. 내 캐릭터의 목적에 맞는 외형을 잘 기획해줍니다.

바둑이_왈왈   박대리_찬비

실습 ✐

내 캐릭터를 어떤 비율로 만들어야 할지 편하게 그려봅시다.

(2) 눈코입

눈코입은 얼굴에서 표정을 나타내는 인체 부위입니다. 이 눈코입은 표정, 감정과 메시지, 인상까지 다양한 개성을 담당하고 있어요. 각 부분들이 주는 개성으로 캐릭터는 고유한 매력을 갖고, 캐릭터들의 표정을 보며 우리는 감정을 느낄 수 있게 됩니다.

다양한 눈코입의 캐릭터들

눈

눈코입 중에서 캐릭터의 개성을 가장 효과적으로 나타낼 수 있는 부위는 눈입니다. 눈의 크기, 모양, 색상, 위치만으로도 느낌이 많이 달라집니다.

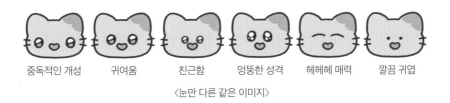

| 중독적인 개성 | 귀여움 | 친근함 | 엉뚱한 성격 | 헤헤헤 매력 | 깔끔 귀엽 |

〈눈만 다른 같은 이미지〉

눈만 달라졌는데 캐릭터 느낌이 완전히 다르죠?

눈의 크기

큰 눈은 호소력이 강하고 개성이 강해집니다. 하지만 호감 가는 큰 눈을 만드는 것은 쉽지 않습니다. 눈이 큰 만큼 홍채, 빛 표현, 모양을 자연스럽게 잡기가 어렵기 때문이랍니다. 만화에 들어가는 사람 캐릭터를 그릴 때도 눈을 잘 그리려고 정말 연습을 많이 하죠. 큰 눈을 잘 그리려면 눈의 구조를 이해해야 합니다.

어색한 큰 눈에서 자연스럽게

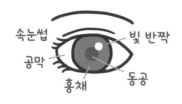

눈의 복잡한 구조에서 캐릭터에서 쓰일 수 있는 부분만 간단히 그려보았어요. 동공은 빛의 양에 따라 크기가 조절되는 곳으로 눈동자라고 부릅니다. 홍채는 눈동자 주위를 둘러싸고 있는 곳이며 눈의 색깔을 결정합니다. 공막은 안구의 내부를 둘러싼 흰색 막, 흰자위를 가리킵니다.

캐릭터를 만들 때는 눈동자(동공)만 있는 단순한 캐릭터도 있으며, 공막+동공, 공막+동공+홍채 등 다양한 조합으로 캐릭터의 눈을 응용할 수 있습니다.

공막+동공+홍채+빛	공막+동공	동공+빛	속눈썹+동공+빛
수원이_ 수원시청	삐뚤이_ 삐뚤이	여요미	하트쿵_ 하트쿵프렌즈

성남시 마스코트 성지영

캐릭터는 눈을 사실적으로 그리지 않고 생략하여 단순하게 그리는 경우가 많습니다. 큰 눈에는 꼭 빛을 잘 넣어주어 생기 없는 눈이 되지 않도록 주의합시다.

작은 눈은 친숙하고 편안한 느낌을 줍니다. 그리기 쉽고 대중성을 쉽게 얻을 수 있습니다. 처진 눈은 순진한 느낌, 뾰족한 눈은 개구쟁이 느낌이 납니다. 큰 눈에 비해 개성을 표현하는 강도는 약한 편입니다.

작은 눈	아주 작은 눈	처진 눈	뾰족한 눈
부기	엠피_ 엠피	다요토끼_ 자홍	어리왈왈_ 로브리

실습 ✎

흰 용지 안에, 자유롭게 여러 가지 눈을 그려봅시다.

코

코는 캐릭터에서 생략되는 경우가 정말 많죠. 귀엽고 어린 인상을 주고자 할 때 눈과 입의 위치가 서로 가까워지며 코가 생략되기도 합니다.

코는 콧대나 콧구멍, 코끝 중에 한 개만 선택하여 단순하게 그리기도 합니다.

콧구멍만 그린 용인시 조아용

코알라나 돼지, 루돌프처럼 코가 중요 특징인 동물을 제외하고는 선택적으로 코를 넣어주면 됩니다.

돼지캐릭터_돼지코   마라탕덕후_또딤   뭉멍이_엠피

입은 눈처럼 감정 표현의 중요한 역할을 하며 입 모양, 입술 모양, 입 크기, 색상으로 다르게 표현될 수 있습니다. 감정에 따라 눈보다 더 큰 변형이 있는 부위이기 때문에, 다양한 표정들을 숙지해야 입을 적절하게 잘 그려 넣을 수 있겠죠?

감정에 따라 다양한 모양으로 변하는 입

입 역시 눈과 코처럼 자세한 구조는 생략되어 입술, 치아, 혀를 선택적으로 표현하고 입의 윤곽만 따와서 단순하게 표현되곤 합니다.

고양이용사 농사 캐릭터는 고양이의 뾰족한 이빨을 입 모양에 적용시킨 캐릭터입니다. 이빨을 단순하게 표현해 줬을 뿐인데 고양이의 특징이 살고 개성이 살아나죠.

하지만 개성 있는 입 모양을 선택할 땐 여러 감정 표현 을 하는데 어려움이 없는지 검토를 해봐야 합니다.
새로운 스타일의 'ㅂ' 한글 비읍 모양 입을 적용한 캐릭터 비베어를 만든 적이 있습니다. 만들 때는 좋았으나, 입을 크게 벌릴 때나 행복해하는 표 정을 지을 때 어떻게 표현해야 할지 어려워했던 기억이 있답니다.

여기서 잠깐 !!

눈코입으로 만드는 감정 표현, 표정을 학습해보자!

미국 심리학자 폴 에크만에 따르면 보편적인 감정을 분노, 혐오, 두려움, 기쁨, 슬픔, 놀라움 등 6가지로 나눴다고 합니다. 사람의 얼굴 근육에서 표정을 위해 쓰는 근육은 약 35개이며 이 근육으로 최대 만 가지의 표정을 지을 수 있다고 합니다. 사람이 표정을 지을 때처럼 캐릭터도 이를 비슷하게 따라 감정을 표현

합니다. 대신 만화적 표현을 추가로 사용하여 감정을 더 과장시키거나 명확하게 나타낼 수 있어요. 이러한 표현의 자유를 재미있게 즐길 수 있다면 내 캐릭터를 보는 사람들도 더욱 많은 감정을 공유할 수 있게 됩니다. 지금부터 함께 여러 감정 표현을 살펴보겠습니다.

기본, 편안한 미소
#미소 #응시

상대를 안심시키는 편안한 표정입니다. 부드럽고 상냥한 느낌을 주며 가장 기본적인 디폴트 표정으로 많이 사용합니다.

웃음, 만족
#입꼬리 #편안함

웃는 모습은 눈이 반달 모양처럼 접히곤 합니다. 입꼬리를 올리며 웃어주면 더 행복해 보입니다. 만족스러움을 윙크로 표현하기도 하며, 개구쟁이처럼 혀를 내밀어주면 더욱 즐거워 보입니다.

기대, 설렘
#반짝 #홍조 #하트

기대하며 침을 흘리거나 눈이 커져서 반짝거리기도 합니다. 설레는 감정을 눈동자 안에 하트로 표현하기도 하며, 입이 아예 하트가 돼버렸어요. 눈 주변에 반짝거리는 이펙트를 넣어주어도 기대하는 것을 확실히 느낄 수 있습니다.

기쁨, 사랑

#홍조 #감정_고조 #초승달_눈 #휘파람

설레는 감정은 더욱 진해진 볼터치로 표현할 수 있어요. 웃음을 참다가 빵! 터져 입을 크게 벌리고 하하하 웃습니다. 입술을 쭈욱 내밀며 애정 표현을 하거나, 너무 신이 나 휘파람을 불 수도 있어요.

궁금, 걱정

#오옹_하는_입 #경직 #음영

입을 작게 동그랗게 모으면 무언가 궁금하거나 걱정되는 마음을 담을 수 있습니다. 그리고 캐릭터의 얼굴에 그림자를 넣어 음침함이나 어두운 감정을 나타낼 수 있습니다.

긴장, 두려움

#땀 #어지러움 #입도_파들파들

두려움은 몸을 덜덜 떨리게 만들죠. 흔들리는 점선으로 몸의 떨림을 표현할 수 있고 기울어진 눈썹과 어찌할 줄 모르는 불편한 입, 푸른 낯빛이 긴장감을 고조시킵니다. 땀방울을 넣어 당혹스러움, 긴장감을 넣을 수 있고, 긴장이 더욱 고조

되면 정신이 핑 돌고 어지러워집니다. 눈이 뱅글뱅글 소용돌이로 변해버렸어요.

놀람
#화들짝 #팽창 #으악_입

깜짝 놀라면 0ㅁ0 눈이 확 커지고 입이 쩍 벌어집니다. 깜짝 놀란 이펙트를 꺾인 선으로 표현해줘요. 눈을 질끈 감아버리기도 >o< 하지요. 몸을 위나 뒤로 펼치며 만세 동작으로 놀라도 생생한 표현이 됩니다.

서운, 삐짐
#새초롬_눈 #소심_눈썹 #입도_꾸욱

서운한 감정에 눈물이 고이기도 하죠. 눈물을 참는다고 입술을 꾸욱 다뭅니다. 정면을 쳐다보지 않고 딴청을 피기도 합니다. -3- 입술이 삐죽 튀어나오는 걸 숨기진 못하나 봐요. ㅡ_ㅡ 뚱한 눈이 "어서 알아채고 해명해!"라고 하는 것 같죠.

화
#긴장 #주름 #뾰족 #불

화가 나버렸어요! 미간에 힘이 들어가고 주름이 강하게 생깁니다. 눈이 날카롭게 기울어지고, 꼬여버린 마음을 꼬인 선뭉치로 표현하기도 합니다. 더 화가 나면 눈에서 불이 튀어나오기도 하며 고함을 칩니다. 이마에는 힘줄이 강하게 돋아버립니다.

실망, 슬픔
#눈물 #처지는 #다운

실망과 슬픔은 마음을 가라앉게 만들죠. 세로로 그은 선은 기분이 처져 있음을 보여줍니다. 눈이 꾸불꾸불 일그러지며 울기 직전이기도 하죠. 결국 눈물이 터져버리면, 커다란 눈물방울이 뚝뚝 떨어지거나 폭포수처럼 쏟아지기도 합니다.

지루함, 졸림
#하품 #나른 #긴장풀림 #흐느적

지루하면 하품이 납니다. 눈은 벌써 감겨버렸어요. 침을 흘리며 잠이 들어버리기도 해요.

눈코입 비율

지금까지 눈코입의 표현법을 살펴보았어요. 예쁜 눈코입을 만들고 나서 마지막으로 캐릭터의 이목구비를 결정짓는 '비율'에 대한 이야기를 시작하려고 합니다.

사람도 예쁜 이목구비를 위해서 눈코입의 위치와 비율이 중요하죠. 이 비율에 따라 개성과 매력이 달라지거든요.

눈코입 비율 차이

수많은 토끼, 고양이, 동물 캐릭터들이 서로 달라 보일 수 있는 것도 이 이목구비 비율이 다르기 때문입니다. 캐릭터를 만들고 나면 그대로 끝이 아니라, 완성된 캐릭터를 바탕으로 해서 앞으로 여러 이미지를 그려야겠죠. 이럴 때 일정한 이목구비 비율이 캐릭터를 일관성 있는 하나의 캐릭터로 보이게 만들어줍니다. 즉, 내가 만든 캐릭터를 쭉 동일한 퀄리티로 그리는 것이 중요합니다.

위의 캐릭터들을 보면 여러 의상과 각도, 다양한 동작으로 그렸음에도 눈과 입을 일정한 비율 거리로 그렸기 때문에 일관된 얼굴로 보여집니다.

눈코입을 자유롭게 넣어봅시다.

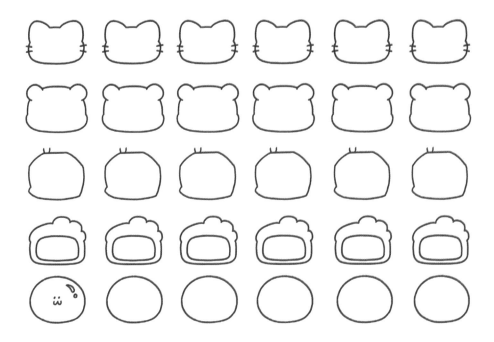

(3) 얼굴형

얼굴형과 눈코입은 서로 찰떡같이 조화로워야 합니다. 얼굴 안에 눈코입을 어디에 그릴지 십자선을 그어 위치를 잡을 수 있습니다.

눈코의 위치와 시선 방향을 생각하며 — 가로 선을 긋고

고개가 어디를 향하는지 방향을 잡아 | 세로 선을 그려주면 됩니다.

얼굴형의 분류를 몇 개 소개하자면

대중적인 얼굴형,
둥근 얼굴

가장 대중적이고 인기있는 얼굴형은 원형입니다. 기본 원형에서 타원형으로 변형되거나 볼살이 들어가기도 하며 사람의 얼굴 유형과 비슷하게 응용이 됩니다.

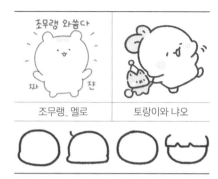

조무랭_ 멜로 | 토랑이와 나오

개성 있는 얼굴형

익숙한 원형 기반 얼굴형이 아니라, 각이 많거나 세모, 네모, 별 등 평범한 얼굴형에서 벗어나는 유형입니다. 특이한 얼굴형이라 인상이 남는 개성을 주기가 좋습니다.

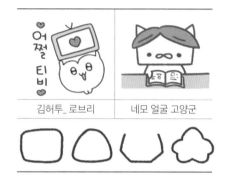

김허투_ 로브리 | 네모 얼굴 고양군

동물 얼굴형

특정 동물의 특징을 가져온 유형입니다. 귀나 코, 입의 특징도 함께 들어갑니다.
동물은 많은 사람들이 좋아하는 유형입니다.

사자_ 또딤 | 판다퐁_ 모리

얼굴이 사물 그 자체인 유형입니다.

재미있으며 캐릭터의 성격과 메시지 전달이 분명합니다. 강한 컨셉이 필요한 경우에 활용하면 좋습니다.

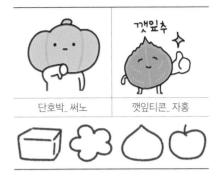

단호박_ 써노   깻잎티콘_ 자홍

이모티콘과 굿즈 캐릭터 같은 경우 독특한 개성이 꼭 필요한 컨셉이 아니라면, 누구에게나 취향을 타지 않는 얼굴형을 선택하는 것이 좋습니다. 대중적인 호감이 중요한 시장이기 때문입니다. 유머나 개그용 캐릭터라면 얼굴형이 독특해도 괜찮지만 취향을 타게 된다는 것은 확실히 염두에 둬야 합니다.

실습 🖊

후드댕의 눈코입 위로 얼굴형을 자유롭게 그려넣어 줍시다.

돈 버는 **캐릭터** 만들기 _____ 73

특징 콕콕 잡아 내 캐릭터 만들기!

내가 만든 캐릭터들이 꿈을 꾸게 해준다면 어떨까요? 민들레, 빽꼼이, 수따리, 이 셋 아이들은 저랑 같은 꿈을 함께 꾸고 있습니다. 수따리 카카오톡 이모티콘을 출시하였고, 일러스트 페어에 다수 참가하며 캐릭터 작가로의 더 큰 꿈을 향해 한 걸음씩 나아가는 민들레 작가입니다!

동물 캐릭터를 만들기 전에 가장 중요한 게 있습니다. 바로 특징만 콕콕 잡아서 내 캐릭터를 만들어야 된다는 것입니다! 예를 들어, 러시안 블루 고양이를 캐릭터로 만들고 싶다면 어떻게 생겼는지 검색을 한 번 해보세요! 코 부분에는 푸른색이 연하고 이마는 푸른색이 강한 게 매력이죠? 이 특징을 콕콕 잡아옵니다!
귀를 귀엽게 그리는 방법은 삼각형 귀만 표현하지 마시고 옆으로 펼친 삼각형 귀 모양이나 위로 쫑긋 펼친 삼각형 귀 모양을 그려보시면 됩니다! 이때 귀 같은 경우 다른 고양이 캐릭터에 차

별화를 두는 매력 포인트이기 때문에 다양하게 그려보시는 걸 추천드립니다.

캐릭터 형태가 잡혔다면 이제 이목구비를 그려야 하는데 눈, 코, 입을 그릴 때 이목구비가 가까워지면 어려 보이고 귀여운 인상을 주게 돼요. 제 캐릭터 제작 가이드처럼 눈을 가깝게 해보거나 멀게도 표현해보며 볼터치를 다양하게 바꿔보거나 입을 벌리거나 미소만 지어도 되고요. 코 표현도 생략해도 됩니다! 하지만 고양이 같은 캐릭터는 코가 있어야 하기 때문에 고양이 특징 콕콕 잡은 걸 버리시면 안 됩니다.

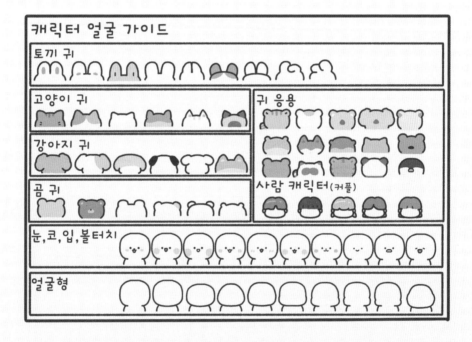

이제 이목구비도 완성이 되었다면 얼굴은 둥글게 그려보거나 옆으로 늘려서 둥글게 표현해도 되고요! 얼굴 볼탱이를 살려주고 싶다면 둥글게 절반만 그리신 후 옆에 볼을 추가해주면 캐릭터가 볼이 있어서 더 귀엽게 보일 수 있어요!

캐릭터 몸통을 귀엽게 그리는 비율이 있어요. 2등신 캐릭터와 1.5등신 캐릭터 비율
이 있는데 2등신 캐릭터를 그리는 방법은 얼굴과 몸이 같은 1:1 크기로 그려주시면
됩니다. 캐릭터를 처음 그려보시는 분들은 캐릭터 비율이 많이 어렵습니다. 저 같은
경우 캐릭터 비율을 쉽게 그리기 위해서 카카오톡 이모티콘에서 내 캐릭터랑 비슷
한 비율을 많이 참고해서 직접 따라 그려보며 얼굴과 몸 비율 키를 표현했더니 캐릭
터 비율을 쉽게 그릴 수 있게 되었습니다.

1.5등신 캐릭터는 아가 캐릭터 느낌이 강합니다. 몸통 사이즈가 얼굴 사이즈의 절반
크기로 줄었거든요. 하지만 1.5등신 캐릭터는 2등신 캐릭터에 비해 팔다리가 짧아서

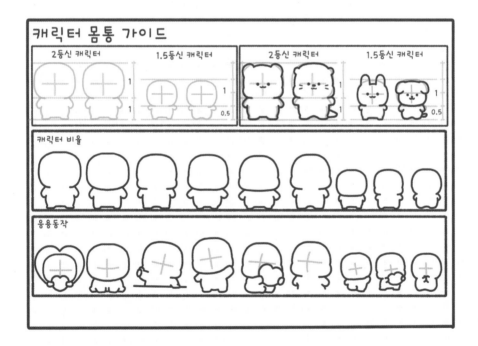

나중에 캐릭터 동작에 많이 제한될 수 있어요. 예를 들어 1.5등신 캐릭터가 충성하는 표현을 하려고 하면 오른팔을 길게 뻗으면 왼팔은 더 짧게 느껴지기 때문에 아가 캐릭터 느낌이 방해될 수 있어요. 저는 캐릭터를 쉽게 그릴 수 있고 동작에 제한이 없는 2등신 캐릭터 비율을 추천드립니다.

내 캐릭터 비율도 정했다면 이제 다양하게 응용동작을 한 번 그려보는 거예요! 표정도 웃거나 화내거나 다양하게 그려보며 제 가이드처럼 캐릭터가 앉아서 하트를 껴안고 있거나 손을 흔드는 동작 또는 몸 하반신을 안 그리고 상반신만 그려볼 수도 있죠.

캐릭터가 완성이 되었다면 이름을 지어주시기 전에 카카오톡 이모티콘과 네이버 OGQ마켓과 인스타그램에 고양이 캐릭터를 검색해 보세요. 혹시나 내 캐릭터가 다른 캐릭터랑 닮아서 저작권 침해가 될 수도 있고, 나중에 카카오톡 이모티콘으로 출시한다고 하면 이미 출시된 이름이 있어서 다시 바꿔야 하는 불상사가 생길 수도 있으므로 꼭 조사를 해보셔야 합니다!

사막여우 특징을 단순화해서 캐릭터를 만들었던 과정

제가 민들레 작가로 활동할 수 있게 해준 제 첫 캐릭터 사막여우 민들레가 있는데요! 실제 사막여우 사진을 보면서 특징을 콕콕 잡아오기보다는 큰 귀에 털과 붉은

시즌1 19.06.01　시즌2 19.08.31　시즌3 19.10.28　시즌4 19.11.29

시즌5 20.01.17　시즌6 20.02.19　시즌7 20.06.11　시즌8-10 20.07.29

현재 사막여우 민들레

색 특징을 그대로 다 가져왔으며 큰 꼬리와 눈도 그라데이션으로 표현했기 때문에 복잡한 사막여우 캐릭터가 되었는데요. 단순한 캐릭터가 아니다 보니 이모티콘으로 만들며 큰 귀와 털 때문에 그리는 게 많이 어려웠고 작업 시간도 오래 걸렸어요. 또 다른 문제점은 이모티콘은 감정 표현을 전달해줘야 하는데 복잡한 캐릭터라 감정이 잘 보이지 않았어요.

제 사막여우 캐릭터를 단순하게 만들기 위해서 우선 눈 크기를 크게 줄였던 이유는 귀엽게보다는 무서워 보이기 때문이었어요. 코와 입 거리를 가깝게 해줘서 귀여운 여우 인상을 주려고 했으며 불필요한 귀의 털과 붉은색을 과감히 빼며 큰 귀가 특징이지만 귀 크기도 줄였더니 너무 평범한 사막여우 캐릭터가 완성되었답니다. 그래서 저는 매력 포인트를 주기 위해서 앞머리를 간단하게 파마를 해주었지요!

그렇게 사막여우 특징을 콕콕 잡은 내 캐릭터가 다시 새롭게 탄생되었답니다. 단순하게 만들었더니 사막여우를 좋아해주시는 분이 제 팬이 되기도 하였고요. 이모티콘으로 활용할 때도 명확하게 감정 표현이 잘 나타나는 깔끔하고 예쁜 캐릭터가 되었어요.

내 꿈에서 캐릭터들을 안아주고 싶을 정도로 재밌게 그리기!

캐릭터 작가가 되려면 마음다짐이 정말 중요해요. 내 캐릭터가 카카오톡 이모티콘으로 나오게 하고 싶어서 꾸준히 제안하고 노력했습니다. 미승인 원인을 분석한 후 수정해서 제안했더니 또 미승인이 났을 때 그 스트레스는 감당할 수가 없었어요. 하지만 여기서 지쳐 포기하게 된다면 카카오톡 이모티콘으로 나오지 못할 뿐더러 내 꿈에서도 캐릭터들을 더 이상 안아줄 수가 없어요.

캐릭터 작가들은 꿈속에서 자신의 캐릭터들이랑 만나서 행복한 이야기를 나누며 응원도 해주고 안아주는 소중한 꿈을 매일 꾸고 있어요. 아침이 되면 소중한 꿈이 사라지지만요! 이렇게 캐릭터를 그릴 땐 꿈에서가 아닌 실제로 자신의 캐릭터들이랑 만나서 한 번 안아주고 싶을 정도로 재밌게 그려준다면 어느새 멋진 캐릭터 작가가 되어 있을 거예요!!
캐릭터 작가의 꿈을 진심으로 응원합니다!!

인스타그램 www.instagram.com/desertfox_min/
블로그 https://blog.naver.com/jin7247244

민들레

3년 5개월 71번째 제안에 카카오톡 이모티콘 작가가 되었으며 그 이후 카톡이 아닌 내 캐릭터를 직접 홍보해보고 싶어서 코엑스에서 K-일러스트레이션 페어 참가와 서울 일러스트레이션 페어v15를 참가했고 이젠 학생들에게 캐릭터 작가 꿈을 가르치고 싶어서 특강과 수업을 하고 있습니다. 일러스트 페어에 참가하고 싶은 작가님들을 위해서 일러스트 페어 참가 노하우를 크몽에 전자책으로 출간하였습니다.

(4) 몸

앞에서 캐릭터의 등신 비율과 얼굴에 대해 공부해보았습니다. 몸, 즉 체형은 살, 근육의 양에 따라 달라지며 가장 선호하는 1.5~2.9등신 사이의 비율 안에서 어울리는 몸을 찾게 됩니다.

다양한 체형의 캐릭터

같은 종류의 캐릭터여도 체형에 따라 느껴지는 분위기가 다릅니다. 손과 발 역시 단순하게 그립니다. 캐릭터의 몸을 쉽게 그리는 방법이 있습니다.

**먼저 러프를
그리고 작업하는
것입니다**

제가 가장 편하게 사용하는 방법입니다. 대강 얼굴 윤곽과 동작을 자연스럽게 위치와 형태를 잡아 표현해줍니다. 그다음 러프를 연하게 바꾸고 그 위에 밑그림을 그리고 채색을 합니다.

큰 일러스트를 그릴 때도 먼저 디자인 계획을 러프로 짜보고 그리면 전체적인 구도와 캐릭터의 동작을 미리 보기 좋게 구상할 수 있습니다.

선과 도형으로

동세를 그려보는

방법입니다
캐릭터의 뼈와 몸통 부위에 해당하는 부위를 선과 도형으로 그려줍니다. 캐릭터는 몸이 짧고 통통하기 때문에 동작에 해당하는 방향을 잡아준다는 생각으로 그려주면 되겠습니다.

러프나 동세 그리기를 통해 다양한 자세를 그릴 수 있도록 계속 연습해야 합니다. 그리고 자연스러워 보일 때까지 수정을 거쳐 완성합니다.

다양한 동작의 몸을 그리는 것이 어려운 경우엔 동작 레퍼런스 이미지를 구해서 따라 그려보는 것도 실력향상에 빠른 길입니다.

연한 그림 위로 똑같이 따라 그려보며 캐릭터 그리기에 더욱 능숙해져 봅시다.

동물 따라 그리기: 여요미의 앙큼한 손과 다리 동작, 귀의 다양한 방향을 익혀보세요.

다양한 동작은 캐릭터의 매력과 개성을 부각시키며, 여러 이미지에 활용할 수 있습니다. 러프를 꼭 먼저 그리며 과감한 동작을 시도해보세요. 동작을 다양하게 그릴 수 있으면 그만큼 감정과 상황표현에 능숙한 작가가 될 수 있습니다.

사람 따라 그리기: 사람 캐릭터는 눈썹이 있답니다. 다양한 눈썹 방향과 눈 모양을 해피 맘과 애기딸을 통해 익혀보세요.

손과 발이 메시지에서 중요한 역할을 할 때는 잘 보이게 강조해주면 좋습니다. 그리고 동작을 구상할 땐 그 동작이 사람들에게 보편적으로 이해가 되도록 구상해야 합니다. 힘들어 지쳐 쓰러지는데 춤을 추면서 힘들어하면 안 되겠죠. 깜짝 놀랐는데 얌전하게 차렷 자세로 놀라면 재미가 없을 거예요.

(5) 옷, 무늬, 소품

캐릭터에게 개성을 부여할 수 있는 요소 중에 부가적으로 부착할 수 있는 포인트입니다. 캐릭터의 개성을 효과적으로 만들어줄 수 있는 포인트지만 과하면 오히려 독이 됩니다.

옷은 그 캐릭터의 성별과 성격에 맞게 입혀줘야 합니다. 사람 캐릭터에게는 꼭 옷을 입혀주는 것이 좋습니다. 옷을 입히지 않으면 동물과 다르게 무언가 빠진 기분이 듭니다.

옷은 캐릭터의 성별, 나이, 분위기, 성격 등과 자연스럽게 어울리게 그려줍니다.

동물 캐릭터는 고유의 동물 느낌을 잘 살리는 것이 더 매력적입니다.

직업군과 관련된 캐릭터를 제작할 때에는 그 직업군을 바로 떠올릴 수 있는 의상을 입혀주는 것이 좋아요. (공주옷)

대중성, 친근함이 중요한 이모티콘과 굿즈 계열의 캐릭터는 옷을 입히면 특정 소비 취향으로 한정될 수 있기 때문에 전략적으로 선택해야 하며, 개성이 중요한 애니메이션과 기업·지자체 캐릭터는 식별력을 높이기 위해 옷으로도 캐릭터의 정보와 개성을 더 넣어주는 편입니다. 즉, **옷은 필요에 따라 잘 선택해서** 입혀야 한답니다.

내가 만든 동물 캐릭터가 심심하게 느껴질 때가 있습니다. 이럴 때 무늬를 넣어주면 확 분위기가 달라지곤 합니다. 똑같은 동물이 여럿 등장하는 경우, 무늬로 서로 차이를 줄 수 있습니다. 강아지와 고양이도 서로 다무늬가 다르잖아요.

무늬를 넣을 때 주의해야 하는 점은 무늬를 자연스럽게 잘 넣어야 한다는 것입니다. 무늬를 잘못 넣으면 바로 어색한 티가 나기 때문에 시중의 다른 캐릭터들이 무늬를 어떻게 넣는지 살펴보면 좋습니다.

무늬 색을 안 어울리게 너무 진하게 넣거나, 무늬에도 테두리 선을 넣어 복잡하게 보이게 하는 실수는 조심해야 합니다. 빈번하게 하는 실수랍니다.

곰돌이 푸 하면 무엇이 떠오르나요? 바로 푸의 꿀단지가 떠오르지 않나요? 뽀빠이는 시금치, 만화 하니는 하트 머리핀, 포켓몬스터는 포켓볼이 떠오릅니다. 꼭 패션 소품이 아니더라도, 내 캐릭터에게 자동으로 떠오르는 소품을 구상하는 것도 큰 매력 포인트가 됩니다.

소품은 캐릭터의 직업이나 성격을 유추할 수 있거나 분위기를 좌우합니다. 예를 들어 리본을 한 캐릭터는 여성스럽고 사랑스러운 이미지를 줍니다. 모자, 목도리, 망토, 안경 등 아기자기한 패션 소품이 가장 많습니다.

꽃선비_따숲

하지만 캐릭터는 **깔끔하고 정체성이 명확할수록** 빛이 납니다.
내 캐릭터에게 **그 소품이 꼭★ 필요한 부분인지** 체크해보세요.

하모 캐릭터 같은 경우는 수달과 잘 어울리는 진
주조개 모자와 진주목걸이를 해주었고, 색상도 캐
릭터의 기본 색상과 잘 어울리는 흰색 아이템으로
자연스러우면서도 캐릭터가 더욱 개성이 생기고
매력적으로 보이는 효과를 주었습니다.

진주시 마스코트 하모

실습✎

동그라미 친구에게 찰떡 소품을 그려주세요.

**나와 함께
찰떡 소품 찾기
를 해보자구**

참고 정답은 맨 아래에.

천사 같은 심성을 가진 나	힌트 : 천사 날개, 링	음악을 좋아하는 나	힌트 : 헤드폰, 마이크

인자한 할아버지 캐릭터로 만들어주세요	힌트: 수염, 주름 등	귀여운 강아지가 될래	힌트: 꼬리, 귀 등

너만 바라보는 해바라기 같은 나	힌트: 해바라기, 하트	전교 1등 캐릭터	힌트: 연필, 책

참고 정답 짜잔 ☆

똑같은 동그라미에서 캐릭터가 다양하게 변하는 것이 너무 신기하고 재밌죠?

(6) 테두리 선 스타일

이번엔 캐릭터를 이루는 선에 대한 이야기를 해볼까요. 캐릭터를 이루는 윤곽 형태는 보통 선으로 만들어집니다. 선은 굵기와 색, 브러시 모양에 따라 영향을 받습니다. 무테 캐릭터를 제외하고, 선이 캐릭터에게 주는 느낌은 꽤 비중이 큽니다.

굵은 선 캐릭터

굵은 선은 팬시문구,
캐릭터 브랜딩에 유리한
깔끔한 호소력이 있습니다.
선이 굵으면 완성도가 있고
깔끔한 느낌을 줍니다.

굵은 선 캐릭터는 '이것이 테두리다!'라고 딱 느껴지며 캐릭터 또한 눈에
확 들어오고 산업 전 분야에도 활용하기 좋은 스타일입니다. 대신 굵어
질수록 투박하고 딱딱한 느낌이 들 수 있으며, 테두리가 굵은 만큼 다른
부가적인 소품·장식이나 배경도 이에 어울리게 ★**단순하게** 그려줘야 하
는 점이 있습니다. 잘 실수하는 부분이라서 별표했어요.

얇은 선 캐릭터

선이 얇은 캐릭터는 자연스럽고 부드러운 느낌을 줍니다. 테두리가 두드러져 보이지 않기 때문에 채색과 소품·장식, 배경 모든 일러스트 요소가 자연스럽게 녹아듭니다. 고급스러우며 복잡한 애니메이션에도 등장시키기 좋습니다. 콘텐츠 산업에서 선호되는 굵기입니다. 단순한 외형의 캐릭터는 선이 얇아질수록 무게감이 가벼워집니다. 테두리가 주는 안정감이 사라지기 때문입니다. 이때 테두리를 제외한 나머지 부분의 퀄리티를 더욱 신경써야 하므로, 드로잉 난이도가 다소 올라간다고 볼 수 있습니다.

무테 캐릭터

선이 없는 무테 캐릭터는 아동용 애니메이션, 동화책이나 굿즈용 캐릭터(특히 스티커)에 자주 등장하는 스타일입니다. 무테 캐릭터 특유의 일러스트 느낌이 있어 누구나 취향 타는 것 없이 좋아합니다. 콘텐츠 내에서 튀는 이질감 없이 전체가 조화롭게 어울려야 하는 분야에 추천합니다.

핑크퐁_핑크퐁 홈페이지

내 캐릭터에게 가장 잘 어울리는 선 굵기도 연구해볼 필요가 있습니다. 여러 개의 선 굵기 버전을 만들고 가장 마음에 드는 굵기를 선택하면 됩니다. 용도에 따라 내 캐릭터의 다양한 선 굵기를 적용해보며 그 차이의 매력을 느껴보세요.

선색

선 색은 검은색이 가장 대중적입니다. 캐릭터가 가장 선명하게 보이며 어떤 색이든 다 잘 어울리기 때문입니다. 유명한 캐릭터의 대부분이 ① 검은색처럼 어두운 테두리를 사용하였습니다. 그 밖에 다른 색을 쓰면 장점은 ② 부드러운 느낌을 낼 수 있으며, 테두리를 꼭 부각시킬 필요가 없는 캐릭터는 ③ 근접하는 부분과 색을 비슷하게 사용하여 무테 느낌을 내기도 합니다. ④ 아주 엉뚱한 튀는 색으로 선을 그리면 선 색만으로도 개성을 줄 수 있습니다.

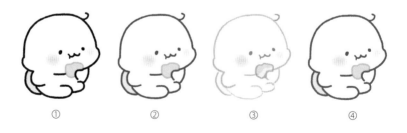

일러스트를 그릴 때는 캐릭터의 선을 주변 색상이나 빛을 받는 곳, 본래

사물의 색상 등을 살려서 적용하면 자연스러운 일러스트 분위기를 연출할 수 있습니다. 전부 똑같은 한 가지 선 색을 쓴 오른쪽 이미지와 왼쪽 이미지의 느낌이 다르죠?

선 스타일은 다양합니다. 브러시 모양에 따라 선 스타일이 달라지며, 깔끔한 선, 굵기가 들쑥날쑥한 선, 구불구불한 낙서 같은 선, 몽글몽글 털 같은 선, 투박한 선, 도트 픽셀 선 등 개성 있는 브러시를 쓰면서 내 캐릭터만의 매력을 살릴 수 있습니다.

판다마우스 캐릭터는 색연필 느낌의 보들보들한 브러시를 사용하여 따뜻하고 말랑한 특유의 분위기를 내고 있습니다.

판다마우스_하야루비

보통 산업에서 가장 선호되는 선은 깔끔한 선입니다. 굵기가 일정하며 테두리 마감도 구멍 없이 깔끔한 완성도 높은 캐릭터를 선호하기 때문입니다.

하지만 캐릭터는 감성 콘텐츠입니다. 어떤 완성도를 가진 캐릭터인가 보다 사랑할 수 있는 캐릭터를 원하기 때문에, 내 진심을 담을 수 있는 캐릭터를 만드는 것을 추천하고 싶습니다.

스누피로 유명한 피너츠 만화의 캐릭터들은 손그림 같은 삐뚤빼뚤한 그림체로도 전 세계 사람들에게 사랑받는 글로벌 캐릭터가 되었습니다.

피너츠 스누피_찰스 M. 슐츠

실습 ✎

내가 갖고 있는 다양한 펜과 연필을 자유롭게 활용하여 캐릭터를 따라 그려보세요.
테두리 굵기를 다르게도 그려보고, 다른 색의 펜으로 그려보고, 채색도 다른 색으로 칠해보면서 캐릭터 느낌의 차이를 느껴보아요.

(7) 채색, 색상

캐릭터의 색상은 전체적인 느낌을 좌우하며 식별 포인트가 되기 때문에 정말 중요한 요소입니다. 어떤 동물인지 알아볼 수 있는 포인트가 되기도 하죠.

같은 캐릭터 디자인인데, 흰색일 때는 오리, 노란색일 땐 병아리, 파란색일 땐 파랑새가 되어버렸죠?

캐릭터를 만들면 그 캐릭터만의 개별 색상 팔레트를 만드는 것이 좋습니다. 내가 사용하는 드로잉 프로그램에 색상 팔레트를 등록해서 동일한 색상을 사용하는 것을 추천합니다. 캐릭터의 색상이 그때그때 다르면 전문성이 떨어지며 고유성을 얻기 어려워집니다. 여러 색상을 알록달록 쓰는 것도 좋지만 그 캐릭터 하면 떠오르는 색감이 있다면 그것 또한 브랜드가 되거든요.

너무 어두운 색, 눈이 부신 색, 흐린 탁색은 선호도가 떨어지는 편입니다.

개성이 넘치는 색을 고르는 것도 좋지만, 어느 정도는 예상되는 색상을 써주는 것이 대중성에 유리합니다. 예를 들면 하트는 붉은색 계열을 쓰고, 사람은 일반적인 피부색을 써주고, 토끼는 흰색이나 분홍색을 쓰는 등 너무 엉뚱하지 않은 색을 선택하는 것이 좋습니다.

콘텐츠의 개성을 더욱 살리기 위해서나 혹은 맛깔나게 잘 살릴 수 있다면 노란 얼굴의 심슨 가족들처럼 개성 넘치는 색상을 쓸 수 있습니다.

여기서 잠깐 !! ✕

https://color.adobe.com/ko/trends

어도비 컬러, 트렌드 코너에서 다양한 색상 팔레트를 구경할 수 있습니다. 트렌디한 일러스트들을 보며 안목을 높이고 색상 감각까지 키워보세요.

지금까지 하나의 캐릭터를 잘 구상하는 방법을 살펴보았습니다. 이번에는 둘 이상의 캐릭터를 기획할 때의 주요 포인트들을 이야기해보려 합니다. 작가가 되면 필연적으로 두 개 이상의 캐릭터가 등장하는 기획을 해야 할 때가 있습니다. 커플, 친구, 혹은 프렌즈를 개발해야 하는 상황이 왔을 때 어떤 부분을 고려하며 완성시켜야 할지 알아둔다면 유용하게 써먹을 수 있을 거예요.

둘

둘이 등장하는 주요 상황은 친구와 커플입니다.

친구

친구의 경우에는 큰 친구 하나에 아주 작은 친구가 파트너로 등장하거나, 혹은 대등한 크기의 둘로 기획되곤 합니다.

주로 큰 캐릭터가 메인 주인공이고 작은 캐릭터

오몽누니와 달포옹_미이

는 서브 역할을 하는데요, 펫 역할에 가깝다고 볼 수 있으며 크기에서 차이가 많이 나기 때문에 작은 캐릭터는 큰 캐릭터에 비해 단순하게 그려

야 합니다. 간혹 작게 보이는 캐릭터라는 것을 간과해 복잡하게 그리면, 화면상 보았을 때 작은 캐릭터가 눈 코입과 팔다리 동작이 깔끔하게 식별되지 않고 뭉쳐 보일 때가 많습니다. 이모티콘같이

정말 작게 보는 콘텐츠는 더욱 한눈에 잘 보이게 기획해야 합니다. 어울리는 색상으로 서로 다르게 해주면 색상도 보완하고 서로 합이 좋습니다.

대등한 크기의 친구는 같이 있을 때 쌍둥이처럼 보이지 않게 색상이나 무늬에 차이를 주거나 아예 종이 다르게 기획되기도 합니다. 친한 사이라면 둘이 분위기가 비슷한 것이 좋고, 라이벌이라면 성격 차이가 느껴지게 기획해줍니다.

 커플

커플 캐릭터는 서로 떨어트려놔도 커플이라고 알아챌 수 있는 동일한 그림체이지만 색상이나 소품 등으로 각자 성별을 구별할 수 있어야 합니다.

커플 캐릭터의 중요한 포인트는, 어느 분야에서든 커플들의 공감과 호감을 받을 수 있어야 한다는 점입니다. 매력적인 외모와 커플이 할 법한 행동, 사랑과 관련된 캐릭터 콘텐츠가 중요하겠죠. 연애 중인 사람들이 나의 연인과 비추어보고 싶은 대중성이 있어야 사랑받는 캐릭터가 될 것입니다.

여뽀야_ 하트쿵   댕댕부부_ 써노

셋 이상 동족

셋 이상의 동족 캐릭터들이 등장할 때는 이목구비, 색상, 무늬와 체형 등에 차이를 주어 서로를 다르게 보이게 합니다.

〈엄마 까투리〉 애니메이션에서 등장하는 아기 까투리 친구들은 서로 색상과 얼굴 모양, 이목구비에 차이를 주었어요.

엄마 까투리

여럿이 등장하는 캐릭터도 당황하지 않고 현실의 고양이들도 모두 서로 다르게 생겼다는 것을 캐치하고 분석하여 적용하면 나의 캐릭터들도 제각기 귀여운 무리를 이룰 수 있답니다.

프렌즈

뽀로로 친구들, 카카오 프렌즈, BT21 캐릭터, 라인 프렌즈처럼 프렌즈 캐릭터를 개발할 때가 있습니다. 애니메이션과 같이 스토리를 적용할 캐릭터들을 만들 때나, 특정 프로젝트를 대표하는 마스코트 캐릭터들을 기획할 때입니다.

제가 프렌즈 캐릭터 개발에 참여했던 과정과 함께 캐릭터 개발의 자세한 이야기를 해보겠습니다. 지금까지 해온 캐릭터 개발 과정에 대한 총복습과도 같은 과정이 될 거예요.

① 내가 만들 캐릭터의 시장 조사, 레퍼런스를 수집한다.
먼저 시중에 나와 있는 인기 프렌즈 캐릭터 레퍼런스를 모아, 프렌즈 캐릭터의 특징을 파악합니다.

프렌즈 캐릭터는 대부분 공통적인 특징이 있습니다.

캐릭터별로 컬러가 다양하다.
캐릭터별로 색상을 다양하게 구성시켜 다채롭고 발랄한 느낌을 주었습니다. 그리고 연한 색보다는 산업 여러 분야에 눈에 잘 띄고 접목시키기 좋은 뚜렷한 색감을 사용한다는 걸 확인할 수 있었습니다. 테두리 색을 검정색으로 사용하는 것이 가장 범용성이 좋은 선택이라고 파악했습니다.

크기가 다양하다. (제일 키 큰, 제일 키 작은 친구가 한 명씩 있다)
서로 덩치나 키가 다른 편이었고 제일 키가 큰 친구 한 명과 제일 키가 작은 친구 한 명이 꼭 포함되어 전체적으로 다양한 스타일의 친구가 만나 서로 잘 어울려 지내는 건강한 느낌을 주었습니다.

종이 서로 다르다.
애니메이션은 동일한 경우도 많지만 다른 프로젝트에서는 서로 다른 종의 동물들로 프렌즈를 꾸리곤 합니다. 서로 종이 다르므로 자연스럽게 색상도 스타일도 다르게 그릴 수 있게 됩니다. 그리고 여러 취향을 충족시킬 수 있는 프렌즈가 됩니다.

└─。 **성격도 다양하다.**

캐릭터별로 취미나 성격을 다르게 부여하여, 더욱 생동감이 넘치
며 파생 스토리 콘텐츠도 만들기 좋은 캐릭터로 구상합니다.

위와 같이 각기 구성원이 다채로운 특징을 가지는 이유를 생각해보자면,
프렌즈 콘텐츠를 필요로 하는 프로젝트는 특정 성별, 문화, 지역으로 한
정되는 프로젝트보다 더욱 크게 사랑받는 글로벌 콘텐츠를 목표로 하며,
다양한 소비자를 만족시키기 위한 전략으로 보여집니다.

② 나의 캐릭터 계획을 짭니다.
위와 같은 분석을 바탕으로 개발 계획에 들어갑니다.
먼저, 프렌즈로 만들 동물을 선정합니다.
동물을 선정하며 자동으로 딸려오는 색감도 고려합니다.

대중적으로 인기가 많은 고양이, 특이한 종류인 낙타와 선인장, 그리기
좋고 인기 많은 여우, 지구 환경을 위한 의미를 줄 수 있는 북극곰, 그리
고 북극곰이 있으니 대중적으로 인기가 많은 펭귄을 추가하였습니다.
색상은 고양이- 분홍, 펭귄 – 보라, 낙타 – 갈색, 여우 – 주황, 북극곰 – 하
얀색으로 다채롭게 구성할 수 있습니다.
크기가 작은 동물로 고양이와 펭귄, 제일 키가 큰 동물은 북극곰으로 하
면 시각적으로 괜찮을 것 같아요.

③ 러프를 그려봅니다.
1차로 간단하게 러프를 그려봅니다.

최대한 다양한 눈을 적용시켜주려고 했고, 캐릭터별로 개성도 잘 넣어보려 했습니다. 키와 덩치를 가늠해보며 늘이거나 줄이며 조율하였습니다. 꼭 잘 그릴 필요 없이 러프 기획이기 때문에 떠오르는 대로 마음껏 그려보며 아이디어를 발상해봅니다.

④ 러프를 바탕으로 디테일하게 개발 방향과 수정 사항을 살핍니다.
1차로 나온 러프를 점검하고, 좀더 디테일한 검토를 합니다. 색상은 무엇으로 하고, 캐릭터별로 성격과 특이한 능력치나 취미가 무엇인지까지 정해봅니다.

낙타 : 몸의 색상이 갈색이니 입과 머리카락은 조금 더 밝은 노란색을 칠해준다면 낙타의 이국적인 느낌까지 줄 수 있다고 보았습니다. 등에 혹을 어떻게 표현할지, 뒤에 있으니 빼야 하나 고민하다가 최대한 이상하지 않고 자연스럽게 넣기로 하였습니다.

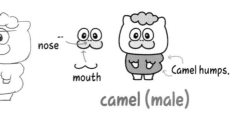

여우 : 여우는 꼬리 부분에 무지개 물감을 넣어, 그림을 좋아하는 특별한 컨셉을 넣자는 아이디어가 생겼습니다.

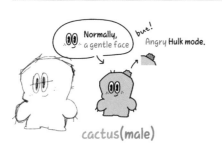

Normally, a gentle face

but!

Angry Hulk mode.

cactus(male)

선인장 : 선인장은 녹색으로 칠하면 프렌즈의 색감이 다채로울 것이며, 머리에 선인장꽃을 추가하여 감정이 격해질 때 빨개지며 헐크가 되는 컨셉을 넣어보기로 했습니다. 아주 재미있는 성격이 될 것 같아요.

No, shoes. Foot color.

cat(female)

고양이 : 고양이는 그저 귀엽고 매력적인 포지션입니다. 귀에 무늬를 하트 모양으로 하고, 다리쪽 무늬가 좀 아쉬워 대신 발 색상을 넣어주면 더 귀엽겠다고 판단했습니다. 그리기 어려운 눈을 단순한 눈으로 바꿨습니다.

Perm hair with volume.

pengguin(male)

펭귄 : 머리카락의 볼륨감이 중요하고, 작은 세모 입도 중요합니다. 작은 얼굴 안에 들어가는 작은 입이므로 테두리 굵기나 비율이 잘못되면 이상해지거든요. 색상도 흔한 펭귄 같지 않게 특별하게 신경을 많이 써야지 계획을 세웠습니다.

nose

mouth

Ghost style clothes

polar bear(male)

북극곰 : 북극곰은 코를 하트로 바꾸는 아이디어를 냈고, 투박하고 큰 박스티 대신, 유령 컨셉을 적용시켜보았어요. 특별한 개성을 가지면서도 북극곰의 흰색에도 딱 맞네요.

⑤ 1차 시안을 완성하고, 레퍼런스들과 퀄리티를 맞추며 수정·보완합니다.

캐릭터 시안을 1차 완성하였습니다!

색상의 채도, 명도, 색감, 드로잉 완성도가 기존의 인기 프렌즈들과 이질적이지 않도록 퀄리티를 맞추는 과정을 거칩니다. 한 페이지에 다른 잘 만든 레퍼런스들을 내 시안과 같이 놓아두고 번갈아 보면서 체크해봅니다.

이 과정에서 테두리 굵기가 조금 얇아서, 굵기를 더 잘 어울리게 조금 굵게 해주고 색이 연한 감이 있어서 색상까지 조금 더 진하게 올려주었습니다.

⑥ 최종, 시안을 확정하고 감정 표현들과 응용 이미지를 그려봅니다.

다양한 감정 표현 아이콘과 응용 이모티콘 이미지를 만들어보며 최종적으로 프렌즈 개발을 완료하였습니다.

시장 조사 ➡ 계획 ➡ 러프 ➡ 수정·보완 ➡ 완성·응용

캐릭터를 개발할 때 [시장 조사 - 계획 – 러프 – 수정·보완 – 완성·응용] 이러한 과정을 거쳐 만든다면 좋은 캐릭터를 만들 수 있습니다. 이 과정 중에서 '시장 조사'는 굉장히 중요합니다. 내가 만들려는 캐릭터 분야에 서 필요한 스타일과 특징을 파악할 수 있으며, 많이 보며 퀄리티를 분별 할 수 있는 안목을 얻을 수 있기 때문입니다.

③ 분야별 캐릭터 구상

이번에는 이모티콘, 유튜브·애니메이션, 공모전·비즈니스 세 분야의 캐릭터 구상 팁을 살펴보겠습니다. 앞에서 다룬 프렌즈 기획 같은 경우에는 특이한 개성 포인트가 중요했죠. 유령 옷을 입은 북극곰, 꼬리에 물감 묻은 여우, 선인장 머리 위의 꽃과 같은, 이러한 컨셉은 캐릭터를 재밌게 하는 요소이지 단순하거나 대중적이지는 않은 선택지입니다.

카카오톡 이모티콘 캐릭터 분야에서는 이런 설명이 필요한 특이한 개성은 거추장스럽고 불필요한 요소가 됩니다.

(1) 이모티콘 캐릭터 만들기

기본적으로 이모티콘은 일상 속 많은 사람들이 채팅창에서 사용하는 작은 이미지입니다. 하고 싶은 말을 나 대신 캐릭터가 표현해주는 것입니다.

여기서 중요한 단어는, [일상 속], [채팅창], [작은 이미지], [나 대신]입니다. 즉, 이모티콘 캐릭터는 일상에서 많은 사람과 매일 쓰는 캐릭터이므로 **친근하고 대중성**이 있어야 하며, 작은 이미지이기 때문에 복잡하지 않고 **단순**해야 하고, 나 대신 쓰는 캐릭터이므로 **공감**할 수 있어야 합니다.

그래서 이모티콘 캐릭터는 하얀 캐릭터와 동물 캐릭터가 많고 서로 비슷해 보이는 캐릭터도 많습니다.

저자의 하얗고 단순한 이모티콘 캐릭터들

가장 많은 사람들이 사용하는 카카오톡 이모티콘에 입점하기 위해서는 어려운 심사에 통과해야 합니다. 승인받을 수 있는 캐릭터 전략을 살펴보자면, 이모티콘 캐릭터는 확고한 매력 포인트를 갖고 있어야 합니다.

아주 1. 귀엽거나 2. 웃기거나 3. 컨셉이 좋거나 공감되거나 4. 새롭거나 5. 퀄리티가 좋거나. 이 중에 해당되지 않는 애매모호한 캐릭터는 승인받기가 어려워요.

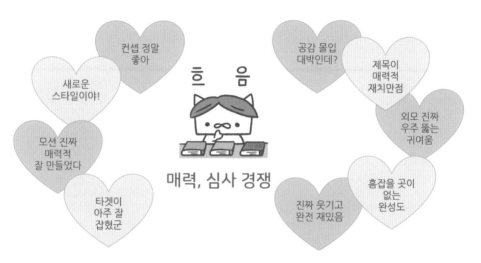

- 귀엽거나 : 누가 봐도 귀여워서 호감을 바로 느낄 만한 중독적인 귀여움
- 웃기거나 재미 : 어설프지 않게 잘 웃기며, 대사 센스나 웃긴 외모나 웃긴 동작으로 어필
- 컨셉, 공감 : 특정 주제(취미, 직업, 운동, 성격, 상황 등)가 정확하게 느껴지며 실제로 유용하게 쓰는 구성, 이에 어울리는 캐릭터
- 새롭거나 : 차별화된 포인트나 아이디어가 돋보이는 스타일, 이에 어울리는 캐릭터
- 퀄리티 : 정말 잘 만들어서 눈길을 끄는 퀄리티

이모티콘 캐릭터가 기획되는 과정을 함께 살펴보겠습니다.

이모티콘 캐릭터 기획 과정 예시

1. 부기가 응원해! 넌 꼭 잘 될거야

✓ 귀여운 캐릭터 ✓ 가장 선호되는 하얗고 동그란 캐릭터 ✓ 거북이로 ✓ 컨셉을 힐링, 응원으로 잡아보자

#귀여운 #컨셉 #퀄리티

이모티콘 대화창에는 기본적으로 파란 색상이 들어가 있습니다. 그래서 눈에 잘 띄는 깔끔한 흰색 캐릭터가 정말 많습니다. 작은 화면에서 보는 작은 캐릭터이기 때문에 전체적으로 단순한 신체 구조로 한눈에 잘 보이게 만듭니다.

이모티콘 캐릭터는 메시지를 보강하는 많은 소품과 같이 그려집니다. 그래서 소품은 캐릭터랑 구분이 잘 되도록, 겹쳐서 그리기보다 위치 간격이 있으며, 하트 버튼의 테두리 색을 캐릭터와 다르게 사물 자체의 자연스러운 색을 넣어줍니다.

파트너가 있는 시안의 경우, 색을 다르게 쓰거나 구도를 잘 구별되도록 배치하고 그림이 작아지는 만큼 캐릭터도 조금 더 단순하게 그려줍니다.

캐릭터와 사물과 이펙트 간의 테두리 표현을 자세히 보면, 캐릭터와 봉은 일반 테두리 / 이펙트들은 자체 자연스러운 색 / 마술봉의 마법은 무테로 표현돼 있습니다. 시안을 복잡하지 않게 하면서 꾸미는 방법입니다.

만화적 표현으로 마구 구겨지고 눈이 커져도 됩니다.

2. 파랗다. 귀엽다. 나

✓ 게임 컨셉과 남성들도 쓰기 좋은 캐릭터 ✓ 흰 강아지, 파란 후드 ✓ 소품은 마우스와 키보드, 헤드폰으로

Copyright 머나. All rights reserved

#귀여운 #재밌는 #컨셉

컨셉 캐릭터는 타깃 대상에게 충실한 캐릭터를 만들어야 합니다. 중성적인 캐릭터이므로 볼터치를 생략하고 게임을 좋아하는 컨셉에 맞춰 소품도 헤드폰과 키보드, 그리고 하얗고 심심한 얼굴에서 색감과 매력 포인트를 더할 파란 후드를 입혔습니다.

컨셉, 성격과 어울리는 시안을 짭니다. 키보드 앞에 앉아 게임을 하는 모습입니다. 손등 위에 겹쳐지는 소품은 인식이 잘 되도록 색을 분명하게 구분해주고, 화살표로 더 집중되게 표현하기도 합니다.

캐릭터의 소품은 최대한 단순 깔끔하게 그립니다. 라면 면발 세 가닥과 김밥의 형태만 인식이 되도록 그리기도 합니다. 선 두께에 따라 그릴 수 있는 디테일이 다릅니다.

키보드의 버튼도 일부만 그려도 납득이 됩니다. 캐릭터와 소품의 조화로운 배치로 메시지를 분명히 보이게 합니다.

이모티콘에서 컨셉을 살리는 중요한 포인트는 대사도 있습니다. 캐릭터의 성격과 이를 사용할 이용자까지 모두 충족시킬 수 있는 잘 어울리는 대사를 사용합니다.

10대 20대를 위한 이모티콘 캐릭터이므로 줄임말을 털털하게 사용합니다.

3. 예쁜 내꼬야!

✓ 커플 이모티콘 ✓ 남녀 캐릭터 ✓ 머리 색과 옷 색상 다르게 ✓ 커플이 할 만한 대사로

#귀여운 #컨셉 #공감 #퀄리티

사람 캐릭터는 동물 캐릭터에 비해서 난이도가 있습니다. 머리카락, 옷, 소품 등 그려야 할 부분이 많거든요. 덩달아 색도 많아지기 때문에 색상 팔레트 관리가 중요해집니다. 커플은 서로 닮았지만 헤어와 의상 색상으로 서로 구별이 되도록 표현해줍니다. ♥내꼬 안농♥

Copyright 이나. All rights reserved

커플 캐릭터의 중요한 포인트는, 당연히! 커플들이 사용하고 싶은 매력이 있느냐겠죠. 서로의 연인을 닮은 귀엽고 예쁘고 멋진 캐릭터를 사용하고 싶을 것 같아요. 엽기적이고 웃긴 캐릭터보다는 더 대중적이고 사랑이 샘솟는 매력이 필요합니다.

의상은 단순 기본 복장1과 그 외 매력적인 의상들을 상황에 맞춰 다양하게 입혀줍니다.

커플 간에 사용하기 좋은 대사와 표현을 많이 넣어주는 것이 좋아요. 커플 캐릭터는 둘이 같이 붙어 있는 시안이 많기 때문에 서로 구분이 잘되게, 뭉쳐서 복잡해 보이지 않도록 구도를 신경써야 합니다.

4. 힘숨냥 그레이양고

✓ 새로운 느낌을 주는 픽셀st 브러쉬 ✓ 고양이 ✓ 회색 고양이로 더 눈에 띄게 ✓ 대사는 캐릭터와 어울리게 1020대 스타일

#귀여운 #재미 #차별성_있는_브러시

Copyright 여나. All rights reserved

특이한 느낌의 브러시를 사용하면 캐릭터 느낌이 또 달라집니다. 대충 그린 낙서 느낌의 브러시이기 때문에 캐릭터도 낙서 느낌이 나면서 회색 고양이로 만들어, 브러시와 색상으로

개성 있는 고양이 캐릭터를 만들어 보았습니다.
브러시와 컨셉에 어울리게
캐릭터의 동작과 표현도 대
충 그려도 잘 어울리죠?

왜 에 기를 죽여

기, ㄱㅅ, ! 와 같이 메인 텍스트 외의 글씨가 너무 작
거나 묻히지 않게 써줍니
다. 이모티콘은 기본 수
량이 24개 이상일 때가 많아서 캐릭터의 얼굴
방향, 동작을 다양하게 써주며 지루하지 않게
만들어줘야 해요.

이 캐릭터는 원래 네모 얼굴에 흰색 강
아지 캐릭터였습니다. 그러나 미승인을
받았어요. 그후, 더 대중적인 둥근 얼굴
형과 존재감이 더 강해진 회색 고양이
로 바꾸고 승인을 받았습니다. 캐릭터 개선 방향을 늘 고민해봐야 합니다.

함께 이모티콘용 캐릭터를 살펴보니 어떤가요? 캐릭터 말고도 소품이나 전
체 구성과 같이 신경 써야 할 부분들이 많죠? 이모티콘은 메시지를 전달
하는 목적이 있어 캐릭터가 메시지를 분명하게 표현해야 하며, 크기가 작기
때문에 구도와 배치, 깔끔한 표현이 굉장히 중요합니다.
오래 사랑받는 이모티콘 캐릭터를 만들기 위해서는 SNS 활동이나 꾸준한
콘텐츠 제작 활동을 추가로 해주어 캐릭터의 노출 빈도를 높이기도 합니다.
매일 내가 사용하는 이모티콘 캐릭터의 일상이나 만화를 보면 더 반갑고

재미있겠죠.

이모티콘 작가의 가장 큰 장점은 다양한 캐릭터를 개발해보는 기회가 많이 생겨 **여러 스타일의 캐릭터**를 그릴 수 있게 되고, 시장의 반응을 바로 확인할 수 있어 **트렌드 민감성**이 생기게 됩니다. 캐릭터 작가로서 아주 도전적이고 즐거운 창작영역인 것 같아요.

(2) 유튜브, 애니메이션 캐릭터 만들기

이모티콘 캐릭터와 달리, 유튜브와 애니메이션 캐릭터는 복잡하고 과격한 개성이 더욱 사람들의 이목을 끌 수 있습니다. 한 번 보면 잊혀지지 않는 인상을 강하게 남겨서 계속 콘텐츠를 소비하게 만들어야 하거든요. 대신 퀄리티가 더 높게 요구되는 편입니다. 특이하지만 잘 만들어야 하는 거죠.

· **콘텐츠와 관련된 소품**
· **콘텐츠와 어울리는 퀄리티**
· **기억에 남는 개성이나 매력**

유튜브 캐릭터를 만든다면, 해당 유튜브 콘텐츠의 주제를 염두에 두어야 합니다. 예를 들면 음악과 관련된 유튜브라면 단순히 그냥 동물 캐릭터만 있는 것보다는, 음악용품인 헤드폰을 쓰고 있는 동물 캐릭터를 만들어야겠죠.

플군, 플양

캐릭터가 영상 콘텐츠에 묻히지 않으려면 테두리가 진하고 굵은 편이어야 하며, 색상이 파스텔톤보다 진한 색채감이 있는 편이 좋을 거고요.

애니메이션 캐릭터를 만든다면, 흔한 맨몸의 동물 캐릭터보다는 뽀로로 친구들처럼 옷을 입고, 특이한 개성 포인트가 많이 들어있는 캐릭터가 적합합니다. 애니메이션 또한 계속 콘텐츠를 소비할 수 있도록 눈길을 끌어야 하기 때문입니다.

· 캐릭터 간의 조화와 다채로움
· 콘텐츠와의 궁합
· 기억에 남는 개성이나 매력

친숙하고 자연스러운 것에 그치지 않고, 일상적인 것에서 특별한 포인트를 더하여 캐릭터만 봐도 호기심이 생기고 흥미진진해야 합니다.

장애인의 날 4월 20일을 기념해 만든 푸움 프렌즈

(3) 공모전, 비즈니스 캐릭터 만들기

공모전, 비즈니스 캐릭터 개발은 공모전과 의뢰인의 의도와 바라는 바를 정확하게 잘 파악하고 이를 잘 풀어내는 것이 가장 중요합니다. 과정을 함께 살펴보겠습니다.

먼저 캐릭터 제작 의뢰를 받았습니다. 발랄하고 호기심이 많은 자녀에게 캐릭터를 만들어주고 싶다는 의뢰였어요.

note

1. 귀여운 원숭이
2. 운동과 레고 ♡
3. 멋진 소년
4. 사진 속 의상 참고

1. 원숭이 캐릭터를 희망한다.

2. 아이가 운동과 레고놀이를 좋아한다.

3. 어린 소년의 사진

4. 사진 속 의상 참고

* 원하는 스타일과 참고사항 등 필요한 정보를 이야기를 통해 자세히 수집합니다.

여기서 추가로 의뢰인이 어느 정도 퀄리티와 스타일을 원하는지 참고하기 위해 인터넷 검색으로 **마음에 드는 캐릭터 이미지들을 요청하는 것**도 좋은 방법입니다. 말로 설명하는 것보다 원하는 것을 쉽게 이해할 수 있습니다.

위의 정보들을 참고하여 러프 시안, 1차 시안을 그립니다. 마음에 드는 것을 고를 수 있도록 여러 시안을 제공합니다. 원하는 스타일이나 방향이 분명하면 보통 2~3개 그립니다. 여기서 선택한 시안을 바탕으로 수정·요구사항을 다시 또 수집하고 2차 시안, 수정을 거쳐 캐릭터를 최종완성합니다.

Happy 지오

공모전도 마찬가지입니다. 먼저 공모전의 공고를 자세히 분석합니다. 공모를 주최한 곳에서 제시하는 주제, 의도를 분석하고, 이를 바탕으로 기획, 개발하여야 합니다.

제주도 세계자연유산 제주 등재 10주년 기념 캐릭터를 개발하는 공모전을 예시로 들어보면 제주도, 세계자연유산, 유네스코 3관왕이 주요 포인트입니다. 캐릭터와 소품을 이와 관련된 것들로 응용하면 좋습니다. 캐릭터를 보면 주제가 바로 연상이 되도록 만들어주면 공모전의 취지를 잘 충족시키는 기획이 될 겁니다.

제주환경교육센터 공고

캐릭터 개발의 주요 재료들을 정리해봅니다.

- 유네스코에 등재된 제주도 세계자연유산들
  한라산 천연보호구역, 성산일출봉, 거문오름 용암동굴계 등
- 제주도를 떠오르게 하는 동물, 자연, 특산물
  노루, 빨간 박쥐, 오소리, 손바닥난초, 구름체꽃 등
- 제주도 글꼴, 제주도 로고
  제주도 홈페이지에서 제공
- 제주도 관련 기본 정보
  화산섬, 화산박물관, 2007년
  세계자연유산 등재 등

얼굴은 제주도에 유명한 과일

오뚝이 모양 접목

하단부에 한라산,
성산일출봉, 용암동굴 무늬

과일과 관광지를 오뚝이 디자인에 접목시킨 실용적인 캐릭터를 만들어볼 수 있습니다. 이처럼 주어진 정보와 재료를 바탕으로 어떻게 기획하고 조합 해볼지 상상하는 재미가 캐릭터 개발의 묘미입니다.

의뢰인이 만족 하는
캐릭터 제작 비결 공개

"의뢰인이 만족하는 캐릭터 제작 비결은 바로
'생각의 동기화' 입니다.
그럼 어떤 과정으로 생각을 동기화할 수 있는지
이번 특강을 통해 함께 그 비결을 알아볼까요?"

안녕하세요! 상상을 현실로 만드는 캐릭터 브랜드 디자이너 두런입니다.

두런은 애니메이션을 전공하고 애니메이션, 게임, VR 콘텐츠, 굿즈 등 캐릭터가 활용될 수 있는 다양한 프로젝트를 수행해 오면서 잘 만들어진 캐릭터가 얼마나 큰 사회적인 영향력을 갖는지, 해외 수출되는 비즈니스 모델에서 실질적인 경제적 효과를 얼마나 창출하는지 등을 직간접적으로 확인하였습니다.

그리고 스타트업 등 소규모 프로젝트에서 중소 민간 기업 그리고 공공기관까지 다양한 규모의 캐릭터 제작 프로젝트에 참여하고 이끌어 왔는데 이 과정에서 쌓아온 캐릭터의 기획, 디자인, 홍보 활동과 경험이 담긴 노하우를 이 글을 보고 계신 여러분께 가감 없이 공개해 드리는 시간을 가져보겠습니다.

"쉿!"

이 노하우는 캐릭터 제작에 관심이 많은 여러분께만 살짝 알려드리는 비결이니 지금부터 집중해서 글을 읽어보시길 바랍니다.

여러분이 가장 먼저 알고 있어야 할 비결은 바로 여러분께 캐릭터 제작을 맡긴 의뢰인과 '생각의 동기화'를 하는 것입니다.

생각의 동기화

"작가님(캐릭터 디자이너)이 알아서 예쁘고 귀엽게 잘 만들어주세요."

"XXX 캐릭터(벤치마킹 대상)와 느낌 비슷하게 만들어주세요."

의뢰인 입장에서 캐릭터 제작 의뢰를 할 때와 캐릭터 제작이 완료되어 최종본을 전달 받을 때, 기대와 의도한 바가 차이가 크지 않아야 합니다. 그 차이가 크지 않으려면 캐릭터 제작 의뢰를 받을 때, 제작 의도와 캐릭터의 활용처 그리고 대상고객이 누구인지를 분명하게 파악하고 있어야 합니다. 그래야 의뢰인과 캐릭터 디자이너가 제작 완료 후 함께 확인하는 최종 결과물이 양측이 예상한 범위 내에서 나올 수 있는 것입니다.

처음에 목표가 불분명하게 되면 '(캐릭터 디자이너가) 알아서 잘 해주겠지' 내지는 '(의뢰인이) 전권을 주었으니 다른 말 안 하시겠지' 라고 의뢰인과 캐릭터 디자이너가 동상이몽인 상태가 될 가능성이 큽니다. 따라서 잘 만들어지는 캐릭터가 되기 위해서는 의뢰인과 캐릭터 디자이너 양측의 '생각의 동기화'가 필수 조건인 것입니다. 즉, 동상이몽이 아닌 처음부터 같은 목표를 위해 충분히 의견 개진을 하고 생각이 같아진 다음에 실제 시안 작업에 착수하게 됩니다.

그렇다면 생각의 동기화는 어떤 과정으로 진행될까요?

캐릭터 디자이너 두런의 경우 캐릭터 제작 프로젝트가 시작되고 최종 완성되는 기간 동안 업무 비중을 나눈다면 기획, 시안, 제작의 비율이 30%, 30%, 40% 정도 됩니다. 의뢰 받은 후 상당 시간을 '생각의 동기화' 과정에 집중합니다. 이 과정을 진행할 때 전문적인 훈련이 된 캐릭터 디자이너와 달리 의뢰인은 의외로 자신의 캐릭터 브랜드에 대해 명확하게 생각을 정립하지 못하고 의뢰하는 경우가 많다 보니 기준이 두리뭉실 모호한 경우가 종종 있습니다. 따라서 생각의 동기화를 위해 의뢰인이 가지고 있는 생각을 자연스럽게 끌어내는 과정이 필요합니다.

의뢰인에게 부담없이 생각의 동기화에 참여하실 수 있게 도입한 툴이 바로 '마인드맵'입니다. '마인드맵' 참여를 통해 의뢰인의 생각을 자연스럽게 키워드로 정리해봅니다.

마인드맵 작성

아래 마인드맵은 실제 의뢰인들에게 두런이 제공하는 마인드맵 샘플입니다. 마인드맵은 지도를 그리듯이, 줄거리를 이해하며 정리하는 방법이자 '생각을 정리하는 기술' 즉, 생각의 가지치기를 정리하는 방법입니다. 복잡하거나 애매모호한 요소를 차분하게 정리하는 방법이지요.

아래 마인드맵을 보시면 **굵은 테두리의 항목(대상, 상징 요소, 성격, 외형, 활용 방법, 참고 캐릭터)**은 캐릭터 제작 시 필수 확인 내용입니다.

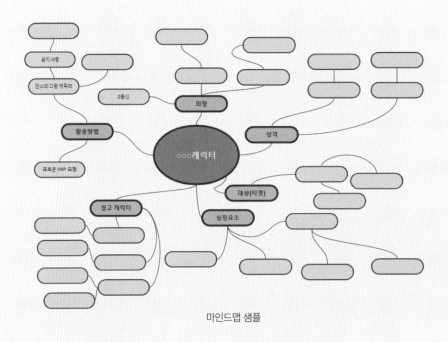

마인드맵 샘플

(대상) (상징 요소)

이 중에서 사실 제일 중요한 것이 바로 대상과 상징 요소입니다. 우리가 만들고자 하는 캐릭터 브랜드가 어느(→무엇을) 대상으로 만들어지고 어떤 상징 요소를 꼭 가지고 있어야 하는지가 사실 캐릭터를 제작하는 데 있어 가장 중요한 요소인데, 이에 대해 사전에 정리가 안 되거나 모호한 경우가 많아 이 마인드맵 정리 시간에 확실하게 정리가 되면서 '따뜻한 아이스커피'와 같은 불분명하고 모호한 표현이 사라지게 되는 것입니다.

(성격)

성격은 캐릭터의 원하는 성격을 말하는데 과거에는 혈액형으로 많이 표현하였고 요즘에는 MBTI 설정을 많이 활용합니다. 혈액형이나 MBTI는 다수의 대중이 인지하고 있는 성격 타입이 자연스럽게 나오는 경우다 보니 캐릭터가 훨씬 설득력 있게 그려질 수 있는 것입니다.

(외형) (참고 캐릭터)

외형은 의뢰인이 선호하는 형태의 범위를 파악하는 것이고 이를 조금 더 구체화한 항목이 바로 참고 캐릭터로 직접적인 벤치마킹 대상을 지정해 주는 것이지요.

(활용 방법)

마지막으로 활용 방법은 캐릭터가 제작 완료되었다는 가정하에 추후 활용 방향성을 미리 고민해보는 것입니다. 이 항목으로 추정할 수 있는 것은 캐릭터 활용의 주요 매체를 가늠해보는 것으로 여기 기입된 항목들을 토대로 활동 주요 매체에 최적화된 디자인을 캐릭터 디자이너가 고민해서 실제 디자인에 적용할 수 있습니다.

이 마인드맵은 구글 문서 형태로 공유되어 실시간으로 작성되는 것을 언제 어디서든 함께 확인할 수 있는데 구글 문서나 디지털 디바이스(PC나 스마트폰)가 낯선 의뢰인들에게는 A4 용지에 간단하게 기재해서 보내달라고 하면 큰 어려움 없이 정보를 취합 정리할 수 있게 됩니다. 중요한 것은 형식이 아닌 내용이기 때문입니다.

마인드맵이 도입된 이후 최종 디자인 결과물을 놓고 의뢰인이 예상한 결과물과 다르

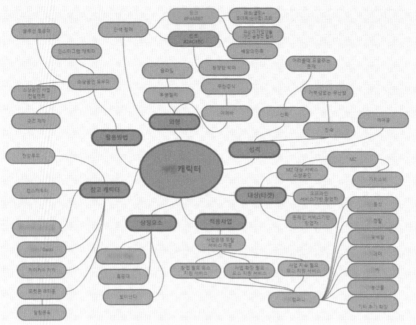

실제 작성된 'OO캐릭터' 마인드맵 예제

다 등의 불필요한 오해가 사라졌습니다. 그리고 의뢰인으로서도 자신이 의뢰하려는 캐릭터 브랜드에 대해 명확하게 정리되어 해당 사업의 홍보 마케팅 전략 수립에도 큰 도움이 되기도 했습니다.

이러한 과정이 가능했던 것은 캐릭터 디자이너 두런이 캐릭터 디자인 업무 외에도 캐릭터 IP를 활용한 애니메이션이나 게임 제작과 각종 온오프라인 홍보 콘텐츠 기획, 제작 그리고 집행까지 경험했었기에 가능했습니다. 이러한 이유로 마인드맵에도 사실 간소화된 마케팅 기획 요소 등이 자연스럽게 녹아 들어 있는 것입니다.

(위 마인드맵은 캐릭터 외에도 CI나 BI 등 로고 디자인할 때도 유사하게 사용하고 있습니다. 캐릭터나 로고 모두 브랜드를 대표하는 상징물이라는 본질은 같기 때문입니다.)

나무 대신 숲을 보는 캐릭터 디자이너로

두런은 캐릭터 디자인 과정을 디자인 자체보다 하나의 독립적인 브랜드 디자인 개념으로 보고 있습니다. 과거 캐릭터는 시각적인 모습은 물론 캐릭터의 상징성 자체도 1차원적인 스토리 등 완성도에 아쉬움이 컸던 일이 많았지만, 현재는 전문 디자인 업체도 많아지고 재능 넘치는 1인 작가도 많아지면서 그 양상이 달라지고 있습니다. 특히 시각적인 완성도가 높아진 것은 물론이고 캐릭터의 설정 역시 공감이 가고 애정을 쏟아낼 수 있는 여지를 주는 경우가 많아지고 있습니다. 이러한 공감가는 설정을 토대로 최근 캐릭터를 소구하는 소비자들은 과거처럼 전통적인 유통경로를 통해서 일방적인 메시지를 주는 것이 아닌 다변화된 사회구조 속의 개별 소비자에 맞춰진 브랜드로서 다가서고 있습니다.

드라마 <눈물의 여왕> 캐릭터 '만숭이'를 비롯 캐릭터 디자이너 두런이 만들어낸 다수의 캐릭터 프로젝트 결과물

최근 AI 기술이 캐릭터 분야에도 빠르게 접목되고 있고 오프라인에서 실시간으로 소통이 가능할 정도로 ICT 기술이 발달하고 있습니다. 이처럼 캐릭터를 개발한다는 것 자체가 생각하는 것보다 폭넓은 접근과 활용이 가능해진 세상이 된 것입니다. 이러한 이유로 이제 캐릭터 디자인을 한다는 것이 브랜드 디자인을 한다는 개념으로 확장이 되어야 하는 것이고 예쁘고 귀엽기만 한 그래픽 디자이너로 그치는 것이 아닌 브랜드로 가치를 부여할 수 있는 능력 또는 이해를 바탕으로 확장 시킬 수 있는 이해가 필요합니다.

마지막으로 드리는 당부는 데생 실력과 색감 능력을 키우는 것 외 당대 문화와 기술의 흐름 역시 놓치지 않고 잘 녹여내는 나무 대신 숲을 보는 캐릭터 디자이너가 되시길 권해드립니다.

그러한 능력이 축적되고 단단해지는 전문가로 거듭났을 때 의뢰인과 '생각의 동기화'

과정을 거쳐 많은 이들에게 공감과 사랑을 받는 캐릭터 브랜드를 만드는 디자이너가
될 수 있을 것입니다.

이제 여러분은 의뢰인이 만족하는 캐릭터 제작 비결을 아시게 되었으니 멋진 캐릭터
브랜드를 만드는 캐릭터 디자이너로 두런과 함께 활동하실 그날을 기다려 봅니다.
감사합니다.

상상을 현실로 만드는 캐릭터 디자이너 두런입니다.

캐릭터 디자이너 두런은 화제의 드라마 <눈물의 여왕> 캐릭터 '만숭이'를 비롯, 대형
베이커리 카페 캐릭터, 각종 협회 캐릭터, 다수 지역 교육지원청 캐릭터 등 민간 기업
그리고 공공기관까지 다양한 규모와 형태의 캐릭터 브랜드 프로젝트를 성공적으로 수
행해 왔습니다.

이렇게 다수의 성공적인 프로젝트 결과물을 내놓을 수 있는 비결은 '의뢰인과 생각의
동기화'입니다. 그리고 의뢰인 입장에서 기획, 마케팅 분석, 홍보전략까지 믿고 맡길
수 있는 두런이기 때문에 가능합니다.

캐릭터 제작 뿐만 아니라 캐릭터에 대한 사소한 궁금증이 생겼다면 언제든 연락주세요!
어나님의 독자라면 더 친절하게 답을 해 드리겠습니다. 감사합니다.

최종! 나의 캐릭터 만들기 ④

여기까지 재미있게 읽으셨나요? 지금까지 많은 예제와 실습으로 캐릭터와 친해지는 시간을 가졌습니다. 마지막으로 질문지와 함께 나만의 캐릭터를 구상해보며 3장을 마무리하겠습니다.

어디에 사용할 캐릭터인가요?

내 캐릭터는 동물? 사물? 사람? 중에서 무엇인가요?

내 캐릭터는 몇 등신이 좋을지 러프를 그려보세요.

눈, 코, 입 중에서 특정 부위의 개성이나 역할이 중요한가요? (○ / ×)

이유 :

어느 연령대의 캐릭터인가요?

개성이 중요한가요? 친근함이 중요한가요. (연예인 vs. 내 단짝 친구)

이유 :

얼굴형은
대중적인 둥근 ( )
개성있는 스타일 ( )
동물 ( )
사물 ( )

내 캐릭터의 주요 취미나 성격이
어때요?

내 캐릭터의 체형은
날씬 (   ) 보통 (   ) 통통 (   )

손과 발이 자세하거나 커야 할 정도로
중요한 역할을 하나요?
(   )

소품이 필요한가요? 어떤 소품이 어울
릴까요? 이유도 적어보세요.

이유 :

옷이 필요한가요?
필요하다면 그 이유를 적어보세요.

이유 :

캐릭터가 심심하고 흔한 느낌이 든다
면, 무늬를 넣어보는 건 어때요? 아니
면 머리에 솜뭉치를 올려보거나 눈코
입에 변화를 줄 만한 건 없을까요?

떠오르는 색상이 있나요?

내 캐릭터를 더 특별하게 할 요소가 있
는지 가만히 5분간 쳐다봅시다.

여러 가지 색상 버전을 만들어서 가장
좋은 버전을 찾아보아요.

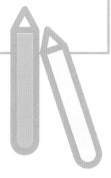

PART 4

캐릭터로 할 수 있는 여러 가지

모든 모험은 첫 걸음을 필요로 하지
- 이상한 나라의 앨리스

자, 지금까지 나만의 캐릭터를 만드는 실습을 잘 따라오셨나요?
내 캐릭터를 만들었다면, 이제 내 캐릭터가 뛰어놀 무대를 만들어줘
야겠죠.

캐릭터 콘텐츠의 활용 영역은 무한에 가깝습니다.
또한 소비자의 니즈는 더욱 세분화되어 많은 작가들이 다방면으로
활약할 수 있게 되었습니다. 캐릭터 콘텐츠가 나날이 국내외 브랜드
파워를 인정받고 있고 각종 지원도 늘어나고 있으니 조금만 관심을
가지면 많은 기회를 얻을 수 있습니다.

캐릭터로 할 수 있는 일을 **'콘텐츠'** 편과 **'사업'** 편으로 나눠서 소개
하겠습니다.

콘텐츠 편

캐릭터는 원소스 멀티유즈 (OSMU)로 하나의 IP가 다양한 장르로 접목되어 1석 3조의 부가가치를 만들어냅니다. 지적재산권 IP가 되어 여러 매체로 출시되며, 캐릭터 콘텐츠는 큰 사랑을 받고 있습니다. 캐릭터는 꾸준한 노출이 중요하므로 작가가 콘텐츠를 만드는 것에 게으르면 안 되겠죠? 어떻게 보면 캐릭터의 디자인보다 꾸준한 작가 활동이 더 중요하다고도 볼 수 있습니다. 지금부터 소개하는 다양한 활동들은 제각기의 매력이 있어요. 내가 도전해보는 대로 작가로 경험하는 세계가 달라지므로 모든 모험을 발걸음 닿는 대로 즐겨보시면 좋겠습니다.

1 이모티콘

이모티콘은 작가가 가장 친근하게 접근해볼 수 있는 창작 콘텐츠입니다. 매일 사용하는 메신저에서 나의 캐릭터를 사용하여 대화를 나눌 수 있어요. 이모티콘 캐릭터는 매일 만나는 학교 친구 같은 캐릭터랍니다.

이모티콘은 감정을 뜻하는 'emotion'과 아이콘 'icon'의 합성어입니다. 우리의 모든 일상 속 감정을 내 캐릭터와 공유할 수 있다니 참 멋진 일이죠.

실제로 이모티콘 캐릭터는 그 어떤 콘텐츠보다 가깝게 사용자와 공감하며 사랑받고 있습니다. 저도 이모티콘 작가로 활동하며 많은 경험을 하게 됐어요. 수입이 생기고 책도 쓰고 강의를 하고 기업을 만났으며 응원과 사랑도 많이 받았습니다. 작고 말랑해 보이는 캐릭터이지만 함께 큰 꿈을 이뤄나갈 수 있는 든든한 파트너가 되어줍니다.

이모티콘은 그림 실력보다 공감과 친근함을 중요시하므로 우리의 일상을 위한 캐릭터 친구를 만들어보세요.

즉, 일상에서 많이 쓰는 감정과 대사에 집중해야 합니다.

이모티콘을 만들어서 판매할 수 있는 플랫폼 마켓은 카카오톡, 네이버 밴드, 오지큐마켓, 모히톡, 스티팝, 네이버 라인 등이 있습니다. 몇 가지 마켓을 추천합니다.

카카오톡

추천 ★★★★★ / 입점 난이도: 어려움

https://emoticonstudio.kakao.com/ 🔍

국내에서 가장 많이 쓰는 메신저인 카카오톡에 들어가는 이모티콘으로 다양한 스타일의 이모티콘이 매일 출시되고 있습니다. 카카오톡 이모티콘 캐릭터로 인기 작가가 되어 억대 수입을 버는 작가도 많습니다. 10대에서 80대까지 다양한 연령대의 작가가 활동하고 있습니다. 카카오 이모티콘 스튜디오에서 제안을 할 수 있으며 큰 이모티콘 16개, 움직이는 이모티콘 24개, 멈춰있는 이모티콘 32개 중에서 선택하여 모든 시안을 그려야 합니다. 약 2주간 심사를 거쳐 승인, 미승인 결과가 나옵니다.

이모티콘을 기획할 때, 누군가가 돈을 주고 사고 싶은 상품이 되어야 한다는 것을 기억하세요.

네이버 밴드

추천 ★★★ / 입점 난이도 : 어려움

partners.band.us 🔍

국내 소모임, 그룹 커뮤니티인 네이버 밴드에도 이모티콘인 스티커를 판매할 수 있습니다. 카카오톡에 비해 사용 연령대가 높아, 완성도가 있는 퀄리티가 필요합니다. 스티커를 출시하게 되면 네이버 밴드 내에서 사용할 수 있고 인기를 얻은 스티커는 무료 스티커 프로모션을 받을 수 있습니다. 특정 미션을 수행하면 해당 스티커를 일정 기간 무료로 사용할 수 있는 프로모션입니다. 입점 심사 난이도가 높긴 하지만, 제안할 때 만들어서 내는 시안이 적은 편이라 제안 부담이 없는 편입니다. 심사 결과는 한 달 정도 여유롭게 생각해주세요.

소모임이 주를 이루는 공간인 만큼, 리액션을 잘 하거나 따
뜻하고 친절한 컨셉이 인기가 많습니다.

오늘도 기운찬 하루_ 따숲

네이버 오지큐마켓

추천 ★★★ / 입점 난이도 : 중간

https://ogqmarket.naver.com/ 🔍

네이버 오지큐마켓은 네이버 블로그, 카페, 아프리카 TV, 채팅플러스에서 사용할 수 있는 스티커(이
모티콘)를 판매할 수 있습니다. 용도가 분명한 스티커를 만드는 것이 좋아요. 네이버 블로그와 관련
된 스티커는 포스팅하는 글 주제(ex: 맛집, 여행, 일상, 취미)와 관련된 것이나, 본문 라인 구분선 스티
커가 인기가 많고, 아프리카TV용 스티커는 방송에서 많이 쓰는 대사가 선호됩니다. 스티커 외에
도 이미지나 컬러링 시트도 판매할 수 있고 인기 크리에이터가 되면 굿즈를 판매하는 기회도 생깁
니다.

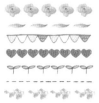

블로그라인_ 하트쿵

빽꼼이의 공정위 문구_ 민들레

리액션 여요미

모히톡

추천 ★★★ / 입점 난이도 : 쉬움

stickerfarm.mojitok.com 🔍

모히톡은 삼성 갤럭시, 애플 아이메세지 등 글로벌 유저를 만날 수 있는 이모티콘 서비스를 운영하며 달러로 수익을 정산받아요. 심사 난이도가 어렵지 않은 것과 제안할 때 단 1개의 시안만 제안해도 된다는 점에서 부담이 없습니다. 앞의 플랫폼들에서 떨어진 이모티콘을 꾸준히 올려서 수익을 내면, 작업 동기가 되고 자신감이 생길 거라고 생각해요.

이모티콘 분야에서 중요 포인트

확실히 수익을 만들 수 있는 분야이기 때문에 경쟁이 세거나, 입점이 어렵습니다. 심사에서 계속 떨어지면 자신감이 떨어질 수 있어요. 하지만 무엇이든 꾸준하고 성실한 사람만이 얻을 수 있는 열매가 있습니다. 나의 꿈을 지키는 건 바로 나 자신이며, 우리는 원하는 꿈을 이루기까지 어떤 인내와 과정이 필요한지 알고 있습니다.

이모티콘은 각각 다른 시안 24개를 전체적으로 봤을 때 하나의 상품으로 보이도록 만들어야 하며 생각보다 그 통일감과 완성도를 맞추는 것이 까다롭습니다.

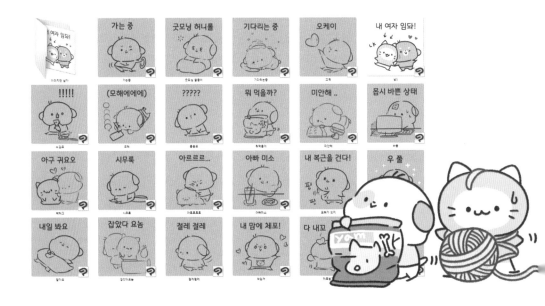

먼저 일관적인 그림 퀄리티를 유지하는 실력을 만들어야 하고, 다음으로 공감되고 매력적인 외형과 컨셉을 기획할 수 있어야 합니다.

바로 그리기보다 꼭 러프로 전체 시안을 잡아본 다음,

- 시안 크기 비슷하게 조정, 표정·동작 검토, 대사 구성 점검, 컨셉 일치 확인 등 항상 전체 시안을 살피는 작업이 필요합니다. 전체 시안을 다 완성하고 나서도
- 보기 좋은 순서로 배치, 색감 상태 확인, 외형 통일감, 옥에 티를 찾아 수정 등을 거쳐 전체 완성도를 높이는 감각을 계속 익혀야 합니다. 어쩌면 이모티콘은 캐릭터 기획만큼이나 전체 시안을 조형하는 일이 중요하다고 볼 수 있습니다.

계속 그리다 보면 실력이 빠르게 늘기 때문에 이 과정을 잘 이겨내고 이모티콘 작가의 꿈을 이루면 좋겠습니다.

무언가 어려운 도전을 할 때는 단기 목표를 정해서 작업하는 것이 유리해요. 예를 들면 심사결과에 상관없이 '총 10회 제안하기', '총 20회 제안하기'라던가, 몇 가지 주제를 정하고 하나씩 만들어보는 달성과제를 만들어 꾸준히 작업해주는 것이 좋습니다. 포기하지 않고 한 계단씩 올라간다면 못 이룰 것이 없답니다.

말풍선 안에 나의 대답을 적어보세요.

공감찰떡!
롱런하는 사람 캐릭터 기획하기

안녕하세요! '따숲'입니다. 반갑습니다!

캐릭터 세계에 첫발을 들이신 예비 작가님들께 인사드리게 되어 정말 기쁩니다. 어나님께 제안을 받고 제가 뭘 알려드릴 수 있을까 고민했습니다. 제 장점이 무엇인가를 곰곰이 생각해보니 두 가지가 떠오르더라고요.

① 멈춰있는 이모티콘 ② 사람 캐릭터

저는 지금까지 밴드 스티커샵에 12건, 카카오 이모티콘샵에 5건을 출시했는데요. 그중 2건을 제외하고는 모두 멈춰있는 이모티콘 + '사람' 캐릭터 조합으로 출시했습니다. 밴드 스티커샵의 경우 총 12건 중 7건이 무료(프로모션) 스티커로 전환이 되었어요. 무료 스티커는 일정 기간 내에 일정 판매량을 달성해야 전환할 수 있습니다(자세한 내용은 밴드 스티커샵 제안화면 참조). 저는 운 좋게 첫 출시작이 무료 스티커로 전환된 덕분에 그 이후의 밴드 제안은 오로지 무료 스티커로의 전환을 노리고 기획하여 제안했는데요(수입 차이가 큼). 시행착오가 많았지만 그 과정에서 저만의 기준도 생겨났습니다.

멈춰있는 이모티콘으로 매력을 더하는 법!

Copyright 마술. All rights reserved

오늘은 여러분들과 그 이야기를 나눠보고자 합니다. 히위고!

사람 캐릭터 + 멈티 조합은 최고 가성비

사람 캐릭터는 머리모양, 주변 소품, 귀여운 눈코입, 의상 등등 사람 캐릭터가 갖춰야 할 기본적인 요소만 넣어도 이미 컷의 밀도가 올라가기 때문에, 살짝 밋밋한 그림이나 개성이 부족한 캐릭터라도 제법 눈길을 끌 수 있습니다.
거기다 앞의 요소 중 한두 가지만 바꿔도 새로운 캐릭터가 되죠. 아이디어가 마를 날이 없겠죠? 의상도 교복도 입혀보고, 한복도 입혀보고! 그러다 보면 명절 이모티콘까지 노려볼 수 있겠지요!

승인을 넘어 오래 사랑받는 캐릭터를 만들려면?

아이디어가 생기면 기획부터 제작까지 고심하고 애써서 만든다는 점은 다 같았는데 어째서 지금까지 가져다준 수익은 천차만별일까요? 무슨 차이 때문일까요? 왜 어떤 캐릭터는 출시하자마자 반짝하고 사라지고, 어떤 캐릭터는 오래 살아남았을까요?

글씨를 크게 하거나 이펙트를 강하게 넣거나 같은 방법으로 명확한 메시지 전달

출시한 지 2년이 넘도록 사랑받고 있는 기운찬 캐릭터의 컷 연출

저는 감정표현이 확실하고 풍부한 아이들이 오래 살아남았다고 결론을 내렸습니다. 소품과 캐릭터의 외형에 한껏 신경을 쓰고 예뻐 보이기 위해 애썼던 캐릭터들은 금방 차트에서 사라지더라고요. 이모티콘의 기본은 소통을 위한 도구라는 점, 꼭 기억해요.

롱런하는 사람 캐릭터 기획하기

이모티콘에서 가장 중요한 것은 '감정표현, 메시지 전달'이라는 점을 기억하고 저와 함께 간단히 캐릭터 하나를 기획해 볼까요?

캐릭터를 만들 때 어떤 작품의 '주인공'을 만든다고 생각하시면 좋습니다. 저는 강의를 열심히 찾아들었는데 어느 작가님께서 해주셨던 말씀이 아직도 가슴에 남아 작업할 때 지표로 삼고 있습니다. 작가는 아이돌 소속사 사장이고, 캐릭터는 내 소속사의 아이돌이다! 멋지게 데뷔시키는 개념으로 접근해 보라! 진짜 명언이죠? 그러자면 평범한 캐릭터보다는 성격이 극명하거나, 외형이 극명하거나, 메시지가 극명하거나 돋보이는 지점을 하나쯤은 잡아주는 것이 좋습니다.

가을. 가을 키워드로 시작해볼까요? 오늘 아침은 더없이 가을이네요!

가을 하면 생각나는 것들 쭉 써보기

가을 아침, 낙엽, 은행잎, 쌀쌀, 아이유, 리틀 포레스트, 얇은 머플러, 체크무늬 스커트, 긴 생머리, 오히려 단발머리? 핫초코, 버건디, 추수, 황금 들녘, 가디건, 턴테이블, 워머, 독서, 화려한 디저트보다 심플한 빵, 트렌치코트, 쓸쓸함, 따뜻함, 캠핑, 편지, (…)

이렇게 소품이건 외형이건 떠오르는 단어, 컨셉을 마구 적어봅니다. 그리고 조금씩 확장시켜 나갑니다. 그 과정에서 나만의 독특한 키워드도 등장하겠죠?

대강의 제목과 제안 내용을 생각해두면 작업이 잘 풀립니다. 제목이 하나의 지표가 되어 아이디어들을 전체적인 컨셉과 잘 어우러지게 방향을 잡아주죠. 제목에는 캐릭터의 성격이나 주요 컨셉이 들어가도록 짓는 편입니다.

음, 가을 감성에는 남자 캐릭터도 좋고 여자 캐릭터도 잘 어울릴 것 같아요. 하지만 여자 캐릭터로 가보겠습니다. 이름은 '페이지'가 떠오르네요.

'페이지가 전하는 가을 편지'

페이지는 독서와 핫초코를 좋아하는 다정한 소녀입니다. 가을의 쌀쌀한 아침부터 저녁까지 전할 수 있는 가을향기 물씬 풍기는 소품과 연출로 구성할 예정입니다. 30대 이상의 이용자분들의 하루를 계절로 채워드릴 수 있는 감성 가득한 메시지로 제작하겠습니다.

저는 기본 감정(웃음, 사랑, 인사, 눈물 등)을 65% 정도 구상하고 나머지는 컨셉을 잘 녹인 컷, 그리고 5컷은 어떻게든 눈에 띌 만한 메시지나 연출로 제작합니다. 이 5컷이 시선을 잡아끄는 역할을 합니다. 그러니 독특한 소품이나, 눈길을 잡아끄는 동작 등을 연구하면 좋습니다.

모아둔 키워드들을 조합해서 캐릭터를 만들어 봅니다. 긴 머리 + 가디건 + 독서를 가져와서 조합합니다. 밴드 스티커샵의 경우는 캐릭터 성격이 진지한 것보다는 사랑스럽고, 적극적이고, 잔망스럽고, 뻔뻔하고, 깨방정을 떨어주는 아이들을 선호하는 것 같습니다. 그러니 표정에 활기, 밝음, 행복, 한 스푼씩 더 넣습니다.

만들어진 캐릭터를 활용해서 이제 화끈한 컷들을 만들어볼 건데요. 가을 감성은 어딘가 점잖은 느낌이 있어서 페이지는 상체만 나오도록 설계했는데, (어른스러운 비율) 이렇게 되면 밴드 스티커샵에서는 미승인일 가능성이 높습니다. 재미가 없으니까요. 네모 한 칸을 기준으로 역동적인 느낌이 나도록 손을 좀 봐주어야 합니다. 컷 내에서 강조할 부분을 큼직하게 혹은 시선이 잘 닿는 곳에 위치시키고 표정이 잘 보이도록 조정해가면서 컷 연출을 합니다. 소품과 이펙트는 적극적으로 활용해주세요. 눈으로 봤을 때 예쁘기만 해서는 일러스트가 되어버리죠. 우리는 잘 그려진 한 장의 일러스트를 그리는 것이 아니라 통통 튀는 메시지를 전달해야만 하니까 컷에서 감정의 에너지를 표현하기 위해 노력하는 게 중요합니다. 그러자면 위의 '보고싶다' 컷에서도 어깨를 좀 더 올려 흐느낌을 더해주거나 입을 더 크게 벌려 간

절함을 더하도록 수정해볼 수 있겠죠. 그러면 예쁜 얼굴은 조금 무너질지 몰라도 재미는 더 올라갑니다. 그 포인트를 이용자분들이 좋아하시는 것 같아요.

마치며

잘 전달이 되었을지 모르겠습니다. 궁금한 점 있으시면 언제든 문의해 주세요.

수정하는 것을 두려워하지 마세요. 멋지게 한 번에 딱 그려내면 좋겠지만 우리는 경험을 쌓아 나가는 과정에 있으니까 겁먹지 말고 과감하게 (그리고 도를 닦는 마음으로) 구도도 바꿔보고, 얼굴도 뭉개고 하면서 눈을 키워나가 봅시다. 그게 가장 빠르게 성장하는 지름길이라고 생각합니다.

행복하고 즐거운 이모티콘 작업하세요! 모두 파이팅 ♥ 감사합니다!

따숲

인스타그램 bonjourchat@naver.com
블로그 https://blog.naver.com/ddasoop_draw2ing

#밴드스티커샵 #카카오이모티콘샵 #네이버OGQ마켓

A: 안녕하세요. 캐릭터 이모티콘 작가 어냐입니다!

그림을 그릴 때 클립스튜디오를 사용하고 있습니다. 클립스튜디오는 웹툰
에도 많이 사용되는 프로그램이고, 한 번 구매로 영구 소장이 가능합니다.
벡터 레이어를 지원해서 그림을 마음대로 수정할 수 있으며 방대한 무료
소재들을 다운받을 수 있어 그림그리기에 아주 편리한 프로그램입니다.

B:

갑자기 웬 만화냐고요? 만화의 매력을 느끼게 해드리고 싶어서 만들어보았어요. 글로만 소개한 A 문구보다 B 만화가 더 눈길이 가죠?

만화를 좋아하는 사람은 정말 많습니다. 비록 만화를 그리는 일이 손이 많이 가고 시간도 많이 필요하긴 하지만, 캐릭터 콘텐츠 중에서 가장 인기가 많고 작가로 성장하기에도 효과적입니다. 실제로도 만화를 꾸준히 연재하는 작가의 인기는 엄청납니다.

만화 속 캐릭터는 많은 사랑을 받아요. 캐릭터는 이야기를 만나면서 그림 조각을 벗어나 한 존재가 됩니다. 만화 장르는 일상, 커플, 특정 주제, 모험, 판타지, 리뷰, 뉴스 등 다양하게 정할 수 있습니다.

만화 장면의 구성 요소

만화를 그릴 때 들어가는 요소를 살펴보자면, 사각형의 컷 틀 안에 인물과 배경이 들어갑니다. 인물이 하는 대사는 말풍선이나 텍스트로 쓰여지고, 효과음이나 효과 선으로 캐릭터의 동작과 감정을 강조해주기도 합니다.

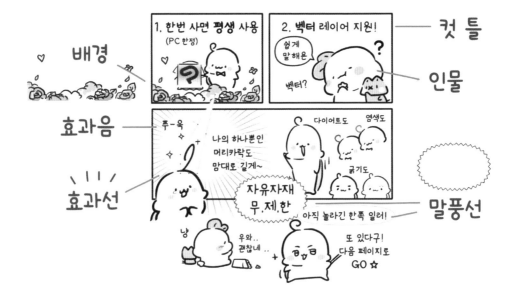

재미있는 만화를 그렸다면 많은 독자를 만나러 가봅시다.

인스타그램 인스타툰
🔍 https://www.instagram.com/

인스타그램은 월간 활성 글로벌 이용자 수가 20억 명이 넘는 소셜 미디어입니다. 한국 이용자만 해도 2,167만 명에 달합니다. 그만큼 접근성이 좋고 기회가 넘치는 곳입니다. 웹드라마화된 〈며느라기〉 수신지 작가, 소통형 만화 콘텐츠 '무엇이든 그려드립니닷!'의 키크니 작가 등 많은 작가가 자신만의 콘텐츠를 올려 인지도를 높이고 있습니다.

@keykney

따뜻하고 재치있는 콘텐츠로 100만이 넘는 팔로워의 사랑을 받는 키크니 작가

인스타툰은 주로 일상 단편 스토리가 주를 이룹니다. 인스타툰 연재의 형식적인 특징 때문입니다. 최대 10장의 이미지를 올릴 수 있으며 가로로 스와이프하여 순차적으로 감상하는 형식이라 긴 스토리보다 짧고 임팩트 있는 이야기가 어울립니다.

기타 웹 브라우저에서 연재되는 세로 스크롤 연재와 다르게 분량이나 표현 방식에 부담이 적은 편이고 직접적인 소통이 빠르다는 특징도 있습니다. 쉬운 접근, 빠른 공감의 장점을 잘 살리면 인스타툰으로 사랑받는 작가가 될 수 있습니다.

'인스타툰'을 검색해서 어떤 만화들이 있는지 구경해보고, 나의 만화를 올릴 때는 본문이나 댓글로 #인스타툰 태그를 꼭 넣어주세요.

@hogang_toon 호강툰

인스타툰이 소통형 만화이며 인지도를 높이기 위한 활동에 가깝다면, 네이버 도전만화는 정식 만화가의 루트라고 할 수 있습니다. 네이버 도전만화에서 승격이 되면 베스트 도전만화로 올라가게 됩니다. 웹툰은 세로 스크롤 연재 방식을 따릅니다.

네이버 베스트 도전에 승격된 만화들을 살펴보면 캐릭터로 짧은 컷의 만화도 많이 있습니다. '다람쥐 란란' - 하리, '아빠는 N살' - 유영근 작가의 작품이 눈에 띄네요. 친근한 동물 캐릭터

위 : 네이버 웹툰 크리에이터스 업로드 화면
아래 : 〈아빠는 N살 웹툰〉, 유영근

로 나를 표현하거나, 실제로 나란 사람을 캐릭터화하여 만화를 진행할 수 있습니다. 인스타그램과 같이 연재를 하면 좋을 것 같아요.

캐릭터 만화·웹툰 분야에서 중요 포인트

SNS 1인 미디어로의 성공적인 작가 활동을 하기 위해서 가장 중요한 것은, 그 무엇보다 '성실함'이라는 것을 오래 지켜보고 깨달았습니다. 일단 만화 자체가 꽤 손이 많이 가며 좋아하지 않는다면 할 수 없는 일이거든요. 모든 콘텐츠에 해당되지만, 만화는 주기적으로 연재를 하는 인식도 있고요.
그리고 나 혼자 보기 위한 만화가 아니기에, 다른 사람의 관심과 공감을 이끌어낼 수 있는 매력이 있어야 합니다. 나의 직업, 취미가 그 관심의 대상이 될 수 있으며 나의 생각과 언어가 공감의 대상이 될 수 있습니다.
연애, 자취, 직업, 위로, 귀여움, 일상, 리뷰, 이슈, 정보 등 다양한 주제로 나의 만화를 기획해보세요.

유튜브

유튜브는 구글이 운영하는 동영상 공유 서비스로 20억 명 이상이 사용하는 사이트입니다. 매달 전 세계 인구의 4분의 1이 넘는 사람들이 유튜브에 접속하며, 하루에 평균 16분 44초를 유튜브에 사용한다고 해요. 젊은 세대가 주로 이용하는 인스타그램과 달리 유튜브는 남녀노소 상관없이 사랑하는 자유로운 콘텐츠 천국입니다. 각자의 관심사로 무한한 유튜브 콘텐츠를 실컷 즐길 수 있는 세상이라니! 이렇게 전 세계 사람들이 유튜브를 애용하고 있으니 우리도 가만히 있을 수 없겠죠.

어떤 유튜브를 즐겨보시나요?

여러분이 보시는 유튜브 채널 중에서 캐릭터를 사용하는 채널이 있나요?

'너 진짜 똑똑하다' 100만 구독자의 독서지식 채널에는 귀여운 캐릭터가 등장해 영상을 진행합니다. 14만 구독자 'MBTI 일상툰' 채널에서는 각 MBTI별로 귀여운 동물 캐릭터를 등장시켜 재밌는 영상을 만들고 있습니다. 저도

MBTI 일상툰 @MBTITOON

즐겨 보는데, 확실히 캐릭터가 들어가니깐 더 기억에 남아요. 전달하고 싶은 정보를 캐릭터를 활용해 만들면 더욱 효과적으로 전달할 수 있습니다. 유명한 성격유형 검사 MBTI가 다른 성격검사보다 더 인기가 많은 이유도 MBTI별로 캐릭터를 만든 덕이 크다고 봅니다. 캐릭터가 있어 더욱 친근함

이 생기고 콘텐츠를 공유하고 응용하며 즐길 거리가 많이 생겼기 때문이에요. 인터넷에서 MBTI 짤을 검색하면 캐릭터가 들어간 수많은 밈과 짤이 등장합니다.

그렇다면 유튜브에서 캐릭터로 할 수 있는 것들이 무엇이 있을까요?

@16 Personalities

애니메이션

캐릭터로 영상, 애니메이션을 만들어 올릴 수 있습니다. 영상툰이라고 검색하면 다양한 영상툰이 나옵니다. 여기 소개하고 싶은 캐릭터 영상툰이 있습니다.

애니먹 animuk @animuk00

2020 ANIMUK MUKBANG COMPILATION 01 2020 애니먹 먹방 모음집 01 ANIMUK 애니먹

애니먹 anim... ✓
구독자 66.8만명

🔔 구독중 ∨   👍 13만   👎   ↪ 공유   ⋯

조회수 1886만회 2년 전
Goodbye 2020~

The Tteokbokki Mukbang video was produced by referring to Boki's cheese Tteokbokki. ...더보기

동그랗고 단순하게 생긴 캐릭터로 먹방 애니메이션을 만들어, 전세계 70만 구독자에게 사랑받는 유튜버가 있습니다.

애니먹 채널은 투박한 캐릭터가 그림 음식을 맛있게 먹는 먹방 영상이 올라옵니다. 가장 조회수가 높은 영상은 2,000만 뷰에 달할 정도로 글로벌 인기를 누리고 있습니다.

콘텐츠를 만들 때는 '무조건 더 잘 만들어야지'라는 생각보다 내가 표현할 수 있는 영역에서 **가장 꾸준히 만들 수 있는 형태**를 찾는 것이 좋습니다. 꼭 디지털 그림이 아니어도 종이로 만드는 스톱모션 페이퍼 애니메이션도 있습니다. (189만 구독 '셀프어쿠스틱' 참고)

콘텐츠 보조

free bgm for you! handmade 8bit music, addictive taste!…

조회수 442회 • 3년 전

저자도 만들어본 뽀짝한 캐릭터송

영상을 만들고자 하는 모든 주제에 있어서 마스코트 캐릭터를 만들어 진행을 하면 더욱 특별한 콘텐츠가 됩니다. 앞서 말한 MBTI, 지식 채널 외에도, 캐릭터가 노래를 부르는 BGM으로 유명한 일명 유령송 ghost choir-Louie Zong과 같이 여러 아이디어의 캐릭터 콘텐츠들을 보며 영감을 얻을 수 있습니다. 무궁무진한 콘텐츠에 캐릭터를 더해보는 기획은 작가에게도 더 큰 기회와 창작 열정을 선물해줍니다.

버츄얼 유튜버

또 한 가지 흥미로운 영상 캐릭터 콘텐츠가 있습니다. '부캐'라고 들어봤나요? 온라인에서 여러 닉네임으로 활동을 하는 것도 일종의 부캐 활동으로 볼 수 있습니다. 부캐는 '자신이 사용하는 본래 캐릭터 외의 캐릭터'를 일컫는 말입니다. 멀티 페르소나가 사회적 현상으로 안착하고, 1인 미디어의 자유로운 표현 창구가 늘어남에 따라 나의 본캐를 넘어선 컨셉이나, 또 다른 솔직한 자아를 표출하는 부캐가 늘어나고 있습니다. 버츄얼 유튜버(버튜버)는 부캐 문화의 새로운 패러다임으로 현실의 나를 대신한 2D, 3D 캐릭터가 등장해 방송을 진행합니다.

2022년 기준 2조 8,000억원 규모로 추정되는 버츄얼 유튜버 시장에, 메타버스 플랫폼 제페토, 로블록스 등 대기업 플랫폼에서 2D 애니메이션 스타일의 아바타 업데이트를 추진하고 있습니다. 아직은 서브컬처 콘텐츠로 여겨지는 경향이 있지만 이러한 시야를 깨트리고 공통문화로 확장되어가는 흐름을 받아들인다면, 앞으로 몇 배 더 성장할 버츄버 시장의 황금 기회를 잡을 수 있을 거라고 생각합니다.

사진 출처 : 제페토 블로그

영상편집과 프로그램에서 장벽을 느끼는 경우가 많습니다. 하지만 이러한 장벽을 누구나 이겨낼 수 있을 정도로 좋은 프로그램과 교육이 많이 있습니다. 다른 분야에 비해 공부할 것이 많고 시간 투자가 커서 쉽게 시작하기 어렵지만 구독자 1,000명, 시청시간 4,000시간 기준을 넘어서면 광고수익을 통해 수익 창출을 할 수 있습니다.

작가로 콘텐츠 활동을 오래 하다 보면 노력과 시간에 따른 보상이 없을 때 굉장히 지치곤 합니다. 유튜브는 노력에 따른 보상이 현실적이고 확실한 편입니다. 콘텐츠를 만들어 사람들이 이용하는 만큼 금전적인 결과물이 있다는 점은 콘텐츠 크리에이터에게 큰 힘이 되고 있답니다.

대박난
나의 미래 ☆

내 유튜브를
상상해보아요.

제목 _____

프로필

채널 명 _____

구독자 _____ 명

✿ 조회수 _____ 만회

미키마우스, 뽀로로, 피카츄, 이 유명한 캐릭터들의 공통점은 무엇일까요? 모두 애니메이션에 나오는 등장인물이라는 점입니다. 캐릭터 작가의 로망은 사람이 많은 대형마트에 나의 캐릭터 상품이 한가득 진열돼 있는 모습을 보는 걸 거예요. 상상만 해도 설레네요! 꿈의 스케일을 키워서 상상해보면 해낼 수 있는 일이 정말 많습니다.

시장 경제, 문화 산업은 돈이 되는 것, 그리고 좋은 스토리를 찾고 있습니다. 영화, 드라마에선 매력적인 인물을, 애니메이션, 웹툰에서도 좋은 스토리에 참신한 캐릭터를 원합니다.

2020년 3월 19일에 시작한 한국 애니메이션 〈캐치! 티니핑〉은 국내에서만 200만 명의 키즈팬덤을 갖고 있으며 국내외 OTT에서도 1등을 차지하며 키즈 IP의 신기록을 달성하고 있습니다.

티니핑을 예시로 가져온 것은 이 애니메이션을 한 번도 본 적 없는 제가 보기에도 캐릭터가 귀여워서 마트에서 인형을 살 뻔했기 때문입니다. 핑이라는 끝 글자로 화나핑, 깜빡핑, 아자핑으로 활용하는 아이디어도 깜찍하고,

SAMG엔터테인먼트
〈캐치! 티니핑〉

1.5등신에 가까워보이는 동글동글한 캐릭터가 특정 얼굴형과 눈을 기준으로 여러 형태로 귀엽게 무한 응용될 수 있는 것도 인상 깊었어요. 캐릭터 작가라면 ○○프렌즈 라는 이름으로 하나의 캐릭터 그룹을 만들어보고 싶은 열망이 일어나곤 합니다. 제2의 포켓몬스터, 티니핑, 뽀로로를 기획해본다면 여러분은 어디서 기회를 얻을 수 있을까요?

스토리움

https://storyum.kr

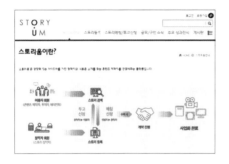

스토리움은 한국콘텐츠진흥원에서 운영하는 콘텐츠 플랫폼으로, 경쟁력 있는 아이디어를 가진 창작자와 새로운 소재를 찾는 콘텐츠 제작자를 연결해줍니다. 애니메이션, 웹툰 외에도 드라마, 출판, 공연, 영화, 소설 등 다양한 장르의 작품들이 좋은 기회를 만날 수 있도록 여러 지원을 해줍니다.

제 경험을 말씀드리자면, 동양·한국 설화 동물과 관련된 책을 읽고 영감을 받아 '스타몬 히어로' 시나리오를 기획한 적이 있습니다. 기억을 잃은 해태인 강아지 '몽당이'가 학교생활에 잘 적응하지 못하는 한우주와 함께 스타랜드로 빨려 들어가, 위기에 빠진 스타몬들을 구하고 자신감 있는 소년이 되는 모험 스토리입니다. 추천스토리로 선정이 되어 피드백 지원과 비즈니스 미팅을 거쳐 아동 도서로 제안을 받았던 작품입니다. 아이디어를 잘 정리하여 시나리오와 함께 캐릭터 구상까지 제안할 수 있는 캐릭터 작가라면 상상만 하던 일을 현실로 진행시킬 수 있는 기회가 항상 열려 있다고 볼 수 있습니다. '글을 써서 올려야 하는 플랫폼이 아닌가요?' 라고 생각할 수 있지만, 그 이전에 가장 중요한 사실은 '내 콘텐츠를 현실의 세계로 나올 수 있도록 누군가의 마음을 설득하는 곳' 이란 점입니다. 마음을 설득하는 방법에는 한 가지만 있는 것이 아니랍니다. 캐릭터를 잘 기획할 수 있다면 그 설득 비법을 하나 더 갖고 있다는 걸 잊지 마세요.

스토리움
5분 전

2022 스토리움 추천스토리 마흔번째 작품
"매직 드로잉펜으로 스타몬과
스타랜드를 구할 거야!"

"세상을 지키는 것은 어느 한 명이 아닌,
진심을 가진 모두의 힘."

한우주와 캐릭터 몽당이가
힘을 잃어가는 스타몬들을 위해 뭉쳤다.
매직펜으로 스킬과 도안을 얻어
악당을 무찌르고 세상을 구하라!

포켓몬처럼 매력적인 스타몬,
매직펜, 컬러링 도안이라는 새로운 소재,
그리고 한국, 동서양 설화 동물의 등장까지..!

어나 작가님의
<매직드로잉! 스타몬 히어로>를 소개합니다!

선정된 추천 스토리 작가님께는 창작지원 및
작품 홍보 지원, 스토리 컨설팅 기회가 주어집니다!
매력적인 스토리를 갖고 계신다면 지금 추천
스토리에 도전해보세요!

작은 낙서에서 시작한
스타몬 몽당이

스토리움 홈페이지 배너에
오른 스타몬 히어로

애니메이션 시나리오 분야에서 중요 포인트

시중에 나와 있는 완성된 훌륭한 애니메이션들을 보면 나와 다른 세상이라고 느끼게 됩니다. 하지만 세상의 큰 프로젝트들은 누군가 혼자 만드는 것이 아니라는 점을 분명히 알아야 합니다. 상상, 아이디어, 캐릭터 구상, 새로운 이야기 등 나의 개인적인 재능이 콘텐츠 산업에서 중요한 역할을 할 수 있답니다.

5 도서 출간 (동화, 일반도서)

동화, 캐릭터 만화, 힐링 에세이, 실용서, 컬러링북 등 캐릭터를 활용한 도서를 기획할 수 있습니다. 출간 제안을 받고 책을 내는 경우도 많지만, 직접 출간 기획서를 작성해 출판사에 투고하여 책을 낼 수도 있습니다. 일단 먼저 온오프라인 서점에서 내가 쓰고 싶은 장르의 책을 출간한 이력이 있는 출판사 목록을 수집합니다. 한 번도 컬러링북을 출간해보지 않은 출판사보다는 여러 권 내본 출판사가 나의 컬러링북을 관심 있게 볼 가능성이 있겠죠. 출판사 홈페이지나 도서 판권지에 있는 투고 이메일 주소로 원고와 출간 기획서를 보내면 됩니다.

정해진 양식 틀은 없지만 출간 기획서 문서에 들어가면 좋을 내용은 아래와 같습니다.

- 도서 제목 : 예상 도서 제목을 적습니다.
- 저자 소개 : 도서 내용과 관련이 있는 경력 사항이나 저자를 이해할 수 있는 SNS 활동 혹은 구체적인 소개 글을 넣습니다.
- 기획 의도 : 구체적으로 어떤 주제를 다루고자 하는지,
  왜 이 주제를 선택했으며 어떻게 풀어나갈지 등을 적습니다.
- 타깃 독자층 : 이 책을 선호할 독자층을 설명합니다.
    ex) 그림과 캐릭터를 좋아하는 중학생 이상 ~ 성인층 / 여성 독자 더 선호 예상
- 목차 초안 : 전체 목차를 적습니다.
- 예상 페이지 수 : 비슷한 장르의 도서 페이지를 참조하여 적습니다.

- 차별화 전략 : 경쟁도서, 비슷한 도서를 적고 내 도서의 차별점이나 장점을 적습니다.
- 홍보 전략 : 출간 후 도서를 홍보할 전략을 적습니다.

위와 같은 내용을 담은 출간 기획서와 함께, 집필 중인 원고 일부나 원고 전체를 보냅니다.

도서 분야에서 중요 포인트

책을 출간하게 되면 교육·강의 제안이 들어오기도 합니다. 그러니 책 표지 접지(앞날개) 작가소개란에 홈페이지 주소, SNS계정, 이메일 주소를 넣어 주세요. 출판사에 투고할 때 해당 출판사에서 선호하는 도서 스타일을 출간작을 통해 파악해보는 것을 추천합니다. 전체 원고를 다 쓰는 것이 부담된다면 최소한 20페이지 정도의 원고를 준비하는 것도 괜찮겠습니다. 그리고 요즘은 독립출판, 전자책 판매 등 꼭 출판사를 거치지 않더라도 책을 낼 수 있는 길이 많아서 시장 수요에 맞는 좋은 기획과 마케팅 전략을 활용한다면 누구나 작가의 꿈을 이룰 수 있습니다.

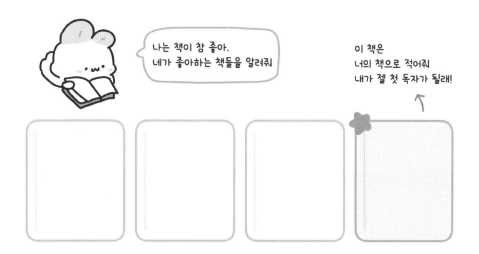

6 게임 : 어플 게임

게임이라니! 갑자기 난이도가 확 올라버렸죠? 확실히 게임 개발은 프로그래밍이 필요하여 어려운 분야가 맞습니다. 하지만 〈추억의 다마고치〉를 기억하나요. 작은 게임기 안에서 밥을 먹고 춤을 추고 목욕을 하는 캐릭터를 보는 것만으로도 힐링이 되곤 했죠.

다마고치처럼 단순하면서 귀여운 매력으로 수익을 내는 게임들이 많습니다. 고양이, 강아지, 햄스터처럼 귀여운 동물을 키우거나, 아예 아이템만 사용하고 반응을 관찰하는 힐링 방치형 게임도 이에 해당합니다.

다양한 고양이가 등장하는 방치형 힐링 게임을 몇 개 소개하자면,
고양이와 함께 방을 꾸미는 [이상한 고양이 - seungsunsee]
[고양이는 정말 귀여워 - kkiruk studio GAMES]
[네코아츠메 - Hit-Point] 가 있습니다.

꼭 복잡한 어드벤처 게임이 아니더라도 단순한 조작만으로도 재미있는 캐릭터 게임을 기획할 수 있습니다. 주로 유니티 프로그램을 이용해서 개발됩니다. 요즘은 게임을 만들 수 있는 프로그래밍 기법 교육이 더욱 대중화되어, 열정을 갖고 공부를 한다면 개인도 충분히 게임을 개발할 수 있을 거라 생각됩니다.

이상한 고양이 게임 개발자, 승선씨 작가의 게임 개발 스토리

Q. 안녕하세요 작가님! 이상한 고양이 게임을 소개해주세요.

이상한 고양이는 원룸에서 고양이들과 함께 지내는 힐링 시뮬레이션 게임입니다.

실제 반려 고양이를 키우고 있고 이 경험을 살려 고양이 행동 패턴을 구현하였습니다. 다양한 고양이들과 함께 방 안에서 지내고 싶다는 상상을 게임으로 구현하였습니다.

Q. 게임에서 캐릭터란?

주인공이죠. 영화에서나, 소설에서나 주인공이 있듯이 게임에서는 그 캐릭터가 주인공이라 생각합니다. 플레이어는 주인공인 캐릭터를 통해 게임 속으로 입장한다고 생각하면 될 것 같습니다.

Q. 어떤 프로그램으로 게임을 만드나요? 개발 난이도와 개발 기간이 궁금해요.

게임 개발은 '유니티'라는 게임 엔진을 통해 만들었습니다. 게임 개발 난이도는 어떤 게임이냐에 따라 천차만별로 달라지고 개발자의 능력에 따라서도 달라지기에 딱 잘라서 말씀드리기는 어려울 것 같습니다. 참고로 이상한 고양이 게임 제작은 4개월 정도 개발을 했습니다.

Q. 사실 게임 개발 과정이 더 궁금합니다.

게임 개발에 필요한 파트는 크게 기획, 프로그래밍, 디자인으로 나눌 수 있습니다.

① 기획
기획은 말 그대로 어떤 게임을 만들지 게임 내 시스템을 기획하는 단계입니다. 시작은 단순한 아이디어에서 출발할 수 있지만 무엇보다 재미 혹은 흥미를 이끌어가기 위해서는 유저에게 끊임없이 동기부여를 해주기 위해 기획을 해야 합니다. 재미 요소를 기획하기도 하지만 더 중요한 BM(Business Model) 요소를 기획해야 합니다. 아무리 재미있게 만든다고 해도 수익을 낼 수 없다면 그 게임은 지속할 수 없습니다. 핵심 기획이 만들어졌다면 이를 어떻게 구현하면 효율적일지 프로그래밍 파트에서 구조를 짜게 됩니다.

② 프로그래밍

프로그래밍은 다양하지만 유니티 게임 엔진을 사용하게 되면 c# 프로그래밍 언어를 다룰 줄 알고 유니티 엔진을 사용할 줄 알아야 합니다.

③ 디자인

프로그래밍과 동시에 디자인 파트에서는 게임이 더 돋보일 수 있도록 캐릭터를 만들고 애니메이션 작업을 하게 됩니다. 2D 그림을 그리는 툴은 포토샵, 일러스트레이터, 클립스튜디오, 프로크리에이터 등 편한 툴을 사용하면 되겠습니다. 캐릭터 애니메이션은 한 장씩 반복한 셀 애니메이션 방법과 스파인, 유니티 애니메이션 시스템과 같은 뼈를 심어 움직이도록 하는 애니메이션 방법이 존재합니다.

게임이 만들어졌다면 광고 플랫폼을 통해 게임 내 곳곳에 광고를 적용합니다. 그리고 광고 이외에도 인앱(In-App) 이라는 게임 내 아이템을 현금 구매할 수 있도록 마켓 SDK를 연결하여 구매가 이뤄지도록 작업합니다.

게임 테스트, 구매 테스트, 버그 테스트 등 각 테스트를 마무리했다면 목표로 한 플랫폼에 게임을 등록하고 판매를 시작합니다. 동시에 마케팅을 진행하여 자신의 게임을 알리고 많은 사람들이 다운받도록 합니다.

Q. 개발 관련 에피소드가 궁금해요.

텀블벅 펀딩을 진행했는데 이중 최고가 티켓을 구매하신 분들에게는 자신이 키우는 반려묘를 게임에 넣어드린다는 타이틀을 걸었습니다. 총 3분이 계셨는데 한 분의 고양이는 털 색상과 무늬가 화려해서 제작하는데 다른 고양이들보다 2배가 더 걸렸습니다. 그리고 다른 한 분은 고양이가 아닌 강아지를 키우셔서 강아지에 대한 새로운 구현을 하느라 애를 많이 먹었습니다.

Q. 게임 수입은 주로 어디서 생기나요?

일반적으로 모바일 게임에서 수익을 내는 방법은 게임 내 아이템을 구매하는 인앱 결제와 광고 수익 두 가지로 나눌 수 있습니다. 이 중 이상한 고양이의 주 수익원은 광고 수익입니다.

Q. 게임을 만들고 가장 보람차거나 기억에 남는 일은요?

아무래도 게임을 플레이하고 긍정적인 반응을 보여주셨을 때 보람이 큰 것 같습니다. 혼자 게임을 만들면서 시장의 반응이 냉담하지 않을까 하는 고민의 연속이었거든요.

Q. 캐릭터 게임을 만들고 싶은 독자에게 하고픈 말

유니티 엔진을 다루는 방법을 배워가면서 c# 언어를 조금씩 배우면 도움이 될 것 같습니다. 눈으로 가시적인 변화를 보면 내가 상상한 것들을 해보고 싶고 그렇게 하려면 어떻게 해야 하지?라는 물음이 생긴다면 분명히 답을 찾아가리라 생각합니다. 그렇게 되면 자연스레 실력이 성장하니 급하게 생각하지 마시고 꾸준히 하신다면 좋은 결과가 있을 겁니다.

내가 만든 캐릭터가 게임으로 만들어지고 그 캐릭터가 사람들에 의해 움직인다고 상상해보세요. 이 점이 매력적으로 느껴진다면 도전해보시기 바랍니다~! 행동하면 결과는 무조건 나오니까요~.

Q. 마지막으로 하고 싶은 이야기

'이상한 고양이' 게임 외에도 얼마 전에 저의 두 번째 게임 '게으른 고양이 가게'가 출시되었습니다. 새로운 게임에도 관심 부탁드리고요. 앞으로도 저만의 색깔을 가진 게임을 꾸준히 만들어갈 테니 꾸준한 관심 부탁드리겠습니다~!!

인스타그램 @seungsunsee　**유튜브** @drawingseungsunsee

승선이라는 부캐 이름을 가지고 있고 나만의 회사를 차리고 싶어 퇴사후 '승선씨'라는 회사를 만들게 되었습니다. 1인 인디개발사여서 부족한 부분이 많지만 나만의 개성을 가진 캐릭터로 게임과 이모티콘에 계속해서 도전하고 있으니 많은 관심 부탁드리겠습니다.

1인 개발자로 게임을 만드는 작가님이 정말 대단하죠?

조금 색다른 게임 창작 사이트가 있습니다. 스토리 선택형 게임을 만들 수 있는 사이트입니다. 대표작으로 MBTI 소개팅이 있습니다.

스플

🔍 storyplay.com

스플에서는 상황별로 대사나 행동을 선택하며 스토리를 진행할 수 있는 게임 같은 콘텐츠를 만들 수 있습니다. 아직 캐릭터를 이용한 모험 스토리는 드물어 힐링물로 기획을 해보면 좋겠다고 아이디어를 살짝 남깁니다.

금혼령_스플

게임 분야에서 중요 포인트

너무 어렵게 느껴지는 분야도 다 사람이 할 수 있는 영역입니다. 관심을 갖고 들여다보면 거창한 스케일이 아니어도 다 제각기 스타일로 충분히 사랑받는 것을 발견할 수 있습니다. 강의, 교육, 도서 등 팁을 얻을 수 있는 양질의 공부자료도 가득합니다. 무료강의는 유튜브, 유료 강의는 클래스101과 같은 교육 사이트에서 검색해보세요.

게임 분야에서 수익을 내는 루트는 앱내 게임 아이템 판매나 광고 시청 방식이 있습니다. 아예 유료로 게임을 판매할 수도 있겠죠.

* 부기에게 힘이 나는 말을 적어주세요

귀여운 거북이 게임을 만들고 싶은데
너무 어려운 것 같아.
내가 할 수 있는 일인지 잘 모르겠어.

사람들은 대체 어떻게
이런 어려운 걸 해내는 걸까?

ex) ① 떡볶이나 먹으러 가자. 내가 사줄게.
　　② 그러니깐 내가 하지 말랬지. 지금이라도 늦지 않았어.
　　③ 그만두는 것도, 네가 해내는 것도, 둘 다 늦지 않았다구.
　　　그러니 하나씩 조금씩 앞으로 나아가보자. 그거면 돼.

7 어플리케이션, 앱

전 세계 2,700만 명의 아침을 깨우는 알람 앱이 있습니다. 알람몬은 무료 캐릭터 알람 앱으로, 수많은 알람 앱 중에서 캐릭터를 활용하며 대박을 낸 앱입니다. 게임 개발에 비해 앱 개발은 조금 더 접근이 쉬운 면이 있습니다. 왜냐면 알람, 메모장, 일기장처럼 기본 스타일의 앱들은 개발 소스가 많이 알려져 있기 때문입니다. 앱스토어를 살펴보면 카카오톡 테마를 만들어 판매하는 작가도 있습니다. 꼭 앱을 유료로 판매하지 않더라도 캐릭터 노출, 홍보 개념으로도 앱을 활용할 수 있습니다.

제가 콘텐츠코리아랩 어플리케이션 캠프에서 기획해본 일기 게임 어플입니다. 일기를 쓰면 캐릭터를 뽑을 수 있는 캡슐이 지급되고 방을 캐릭터로 꾸밀 수 있게 됩니다. 이러한 오락 기능과 함께 기록 습관을 갖게 되고, 일기 공유 소셜 기능을 넣어 칭찬, 댓글, 소통을 할 수 있도록 어플을 기획했습니다. 수익 모델은 리워드 광고 시청, 캐릭터 굿즈 판매, 한정판 일기 꾸미기 샵 아이템 판매로 잡았습니다.

앞의 글 〈6. 게임 : 어플 게임〉과 함께, 어플리케이션 개발은 전문가의 영역에 가까우므로 캐릭터로 이런 것도 할 수 있다는 정도로 이해하면 좋겠습니다. 개발 쪽에 이해도가 높은 작가는 알람몬 어플의 성공처럼 기존의 기획에 캐릭터를 더해보는 방향도 검토해보면 좋은 전략이 될 거라 생각합니다.

어플 분야에서 중요 포인트

앱 기획의 기본 요소로 [한 줄로 서비스를 정의하는 서비스 개요] [서비스의 기능] [서비스를 사용할 타깃층] [마케팅 방안] [수익모델] [다른 앱과의 확실한 차별성]을 정리해볼 수 있습니다.

당신에게 SSS급 천재 개발자 1회 소환권이 생겼습니다.
아무 제한없이 나만의 어플이 하나 뚝딱 나타난다면
어떤 어플을 만들고 싶나요?

8 짤, 밈, 배경화면

내 캐릭터로 할 수 있는 또 다른 아주 매력적인 분야는 짤과 밈입니다.

짤: 인터넷에 올라오는 사진이나 그림을 나타내는 말이며 '짤방'의 줄임말.
밈: 인터넷 밈의 줄임말로, 대개 트렌드가 된 대상의 패러디물 형태로 2차
　　창작물이 된 짤이나 글을 뜻함.

유명한 밈 캐릭터로는 개구리 페페가 있습니다. 캐릭터를 짤이나 밈으로 만
들어 배포하면, 커뮤니티나 개인 용도로 대중이 즐길 수 있는 콘텐츠가 됩
니다. 이러한 콘텐츠는 공유가 쉽고 확산 파급력이 커서 인기 캐릭터가 되
기도 합니다. 캐릭터의 인기 요인에 많은 노출이 중요한 만큼 짤과 밈은 훌
륭한 인기 콘텐츠랍니다. 해당 짤을 공유하거나 소장하고 싶은 공감과 재치
가 중요합니다.

치즈덕_나봄

짤이나 밈을 만들고 인스타그램이나 개인 블로그 등 인터넷에 올릴 때, **'비상업적인 용도로 자유롭게 사용해주세요.'**라는 문구를 넣어주세요. 그래야 여러 사람들이 공유를 하며 사용을 할 수 있답니다. 그림 옆에 작게 닉네임을 넣기도 합니다.

귀여운 오리캐릭터 치즈덕의 나봄 작가는 매력적인 캐릭터 짤을 올리며 많은 사랑을 받고 있습니다. 정말 재치있고 재미있는 짤이죠?

많은 작가들이 팬들과 소통하며, 짤과 밈, 만화, SNS 캐릭터 프로필 이미지, 배경화면, 달력, 심리테스트 등 여러 재미있는 공유 콘텐츠를 올리고 있답니다. 내 캐릭터를 사랑해주는 분들께 작가도 마음을 표현할 수 있는 콘텐츠 서비스 중의 하나이기도 합니다.

캐릭터나 그림으로
프로필을 해놓은 친구를 찾아보세요.
나도 한번 캐릭터 프로필을 해볼까요!

호오
(잘 생겼군)

9 교육, 강의

행복하게 돈을 버는 방법
나도 프로 N잡러 되기

돈 버는 이모티콘 만들기

이미지 제공 원지연

어나작가와 함께 이모티콘 작가 되기
10. 22(일) 14:00 ~ 15:30 / 1회 20,000원
원지연 카카오톡 이모티콘 1종 출시 네이버 모자라캣 Pro크리에이터
이모티콘 작가의 꿀팁 이루는 A-Z까지 한번에 알려드립니다.
이모티콘 기초 이론부터, 나에게 딱 맞는 이모티콘 전략, 인기
플랫폼에 승인받는 전략, 이모티콘 기획 발상해보기 실습 등
이모티콘 5년차 작가로 활동하며 쌓아온 꿀팁들 함께 나눕니다.

전문적인 경력이나 경험이 있다면 유튜브로 무료 교육을 올리거나, 클래스101, 탈잉 등 교육 웹사이트에서 강사로 유료 교육을 할 수 있습니다. [유튜브 무료 강의]의 장점은 구독자를 늘리기에 유리하고, 작가 노출이 늘어나는 점이 있으며, [유료 강의]의 장점은 금전적 수입과 경력 사항이 됩니다.

오프라인 강의를 구하는 방법은, 개인 사이트에 경력 사항과 작품 활동을 올려두고 강의 의뢰를 할 수 있는 연락처를 올려둔다든가, 학원·도서관·콘텐츠코리아랩 등 교육 서비스를 제공하는 곳에 개인 이력 사항이나 명함을 제출해 직접 어필하는 방식으로 강의 경력을 쌓을 수 있습니다.
가만히 앉아 있는 나를 알아서 찾아주기를 바라면 안 됩니다. 직접 알리는 노력을 할 수 있는 작가가 되어야 합니다.

세계적인 디저트 브랜드가 된 몽슈슈 김미화 대표는 창업 초기에 자전거를 타고 직접 돌아다니며 롤케이크 시식을 권유하고 배달했다고 합니다. 오븐을 난로 삼아 주방에서 서너 시간 쪽잠을 자던 시절이었다고 해요. 분명 힘들었고 보잘것없는 모습의 과거인데, 지금은 인터뷰에서 그때의 고생을 이야기하며 가장 멋진 모습으로 기억하고 있습니다.

지금 너의 모습은 초라하지 않아.
지금의 네가 시작점이 되어
모든 걸 이루게 되는 거거든.

분명 지금 모습을
자랑스럽게 기억하게 될 거야.

영상이 아닌 책으로는, 전자책을 만들어 크몽과 같은 재능 플랫폼에서 판매할 수도 있습니다. 출판사와 작업하여 종이책을 출간하는 경우, 편집, 제작, 유통, 홍보 등 여러 비용이 들어 작가의 인세가 낮습니다. 하지만 전자책으로 직접 출간하는 경우, 재고관리·유통의 부담이 줄어들며 플랫폼 수수료를 제외하고 판매금 대부분이 작가의 수입이 되므로 전자책 시장도 주목받고 있습니다.

크몽 전자책 등록 가이드   🔍 https://kmong.com/knowhow/seller

· 세로방향 A4 용지 기준 20페이지 이상
· 가로방향 A4 용지 기준 30페이지 이상
· 최종파일 형식 PDF
· 글자 크기 12pt, 줄 간격 1.5
· 저작권이 없는 무료 폰트 사용

전자책
캐릭터로
일러스트 페어
참가 해보기

만들레작가
캐릭터로 일러스트 페어 참가하는 노하우를 알려드립니다
일러스트 페어 전자책_ 민들레

교육·강의 분야에서 중요 포인트

강의를 믿고 맡길 수 있는 이력이 어느 정도 필요한 경우가 많습니다. 사소한 경력들도 모두 든든한 자산입니다. 소규모 공모전 수상이나 교육 이수, 경험 내역을 평소에 잘 정리해두세요. 예를 들면 저 같은 경우는 경북대 산학협력단 분단에서 [전통문화 디자인 개발 및 교육으로 특화일자리 창출] - 디자인 교육 사업에 5개월간 참여한 이력이 있습니다. 이름이 거창하니 뭔가 있어 보이죠? 천연 염색, 패션 소품·가방 만들기 등 재미있는 예술 교육 프로그램이었거든요. 요즘도 무료 문화교육들이 많이 열리기 때문에 이를 참여해보고 잘 기록해두면 좋겠습니다. 언제 어떻게 쓰일지 모른답니다.

인생을 살며 자잘한 이력·지식·경험들, 심지어 학교 졸업, 아르바이트를 했던 이력도 잘 기록해 놓으세요. 나중에 찾으려면 다시 찾기 어려워서 아쉬울 때가 있어요. 저는 고등학생 때, 교내 백일장에서 시로 상을 받은 적이 있었는데 그때 쓴 시를 잘 보관해놓지 않은 게 지금도 너무 아쉽습니다.

내가 생각하기에 별거 아닌 것이 다른 사람에겐 그렇지 않은 경우가 정말 많으며, 어떠한 경험도 내가 어떻게 어필하고 활용하느냐에 따라서 그 평가가 달라집니다. 또한 세상사에는 제각기 어느 재능이 필요로 한 장소가 다 마련되어 있습니다. 바다가 하는 일, 강이 하는 일, 우물이 하는 일, 물 한 잔이 하는 일 모두 다른 것처럼요.

컴퓨터 바탕화면에, 나의 경험과 이력을 적어놓는 문서를 만들어 놓으세요.
"○○○ 게임 길드 마스터 되다!" 라는 것을 적어놓아도 좋아요. 갤럭시 테마샵 디자이너로 입점한 날짜, 오지큐마켓에 작가 인터뷰 올라온 링크 등 자잘한 나의 기록들을 모아놓읍시다.

NFT를 아시나요?

OGQ × 아는형님 NFT

NFT(Non-Fungible Token)는 대체 불가능한 토큰이란 뜻으로 고유성과 희소성을 지닌 블록체인 기반의 토큰을 의미합니다. 아주 쉽게 설명을 하자면 디지털 세상에서 소유권을 지닐 수 있는 토큰이며, 이 토큰에 그림, 영상 등 디지털 파일을 담고 있는 주소를 넣어두면 그 파일의 소유권을 갖게 되는 거랍니다.

실체도 없는 디지털상의 자산이 무슨 의미가 있나요? 싶을 수 있겠지만, 이를 이용해 작가가 자신의 작품을 NFT화하여 판매를 하거나 크리에이터로 전세계 콜렉터를 만날 수 있다면 의미가 달라지지 않을까요?

실제로 NFT는 기업들이 특정 혜택을 주는 그룹 징표로 사용하기도 하고, 유명 작가의 예술 작품이 디지털화된 것을 구매하여 기존의 미술품 투자를 넘어 더 다양한 투자수단으로 선택하는 경우도 있습니다.

NFT는 활용 능력에 따라 현실의 한계를 넘어 무한한 글로벌 자산으로 이용이 되는 것이지요. 영국의 12세 소년 벤야민 아메드는 NFT 시장에 발빠르게 참여하여, 자신이 그린 고래 그림들로 약 61억 원의 수익을 낸 사례도 있습니다.

우리나라에도 중학생 아트띠프(Arthief)의 그림이 1,000만 원이 넘는 금액에 거래되기도 했습니다.

국내외 대기업에서도 NFT를 홍보 이벤트로 활용하는 사례가 많습니다. NFT 아트는 누구나 그림을 올리고 판매할 수 있습니다. 글로벌 마켓 오픈씨(opensea.io)와 같은 NFT 거래 플랫폼에 내가 만든 작품의 이미지를 등록해서 원하는 가격에 판매하면 됩니다. 거래는 가상화폐를 이용하며, 블록체인 지갑을 만들어야 한다든가 생소한 작업이 필요합니다.

Rhythm (gift for you)
1 ETH
Last sale: 0.1 ETH

저자도 소장 중인 Arthief NFT

NFT 아트 분야에서 중요 포인트

솔직히 NFT 아트를 개인 작가 활동으로 추천할 정도는 아니라고 생각합니다. NFT는 가상화폐, 블록체인 시장의 불안정한 변동성에 영향을 많이 받으며, 디지털 지갑을 만들고 코인을 전송시키는 과정들도 복잡하여 접근성이 어렵기도 합니다. 결국, 이런 번거로운 노력 대비 다른 창작 활동이 더 효율적일 수 있습니다. 그럼에도 소개한 이유는 우리가 선입견이나 무관심으로 지나친 곳에서 누군가는 기회와 가능성을 발견하기 때문입니다.

내가 먼저 선점하자! 라는 것이 아니라, 길거리든 기회가 없는 불모지든 어디서든 나의 무대를 기획하고 상상할 수 있는 작가가 되어야 한다는 것입니다. 아는 만큼 관심을 갖는 만큼 보이는 법입니다.

사회 운동가로 유명한 영국의 얼굴 없는 그래피티 작가 뱅크시는 14살부터 낙서화를 시작했습니다. 박물관에 몰래 그림을 그리고 도망가고, 남의 벽에 그래피티를 그리곤 했습니다. 유명해지고 나서도 장소를 신경 쓰지 않는 그의 퍼포먼스는 늘 화제의 중심이 되고 있습니다. 런던 소더비 경매에서 자신의 작품을 현장에서 파쇄하는 퍼포먼스, 전쟁으로 무너진 우크라이나의 건물에 그림을 그리는 그를 보며, 뜻이 있는 곳이 곧 길이라는 생각을 하게 됩니다.

전 NFT 아트를 볼 때 이런 생각이 듭니다. 누가 보기에도 꽤 복잡하고 어려운 NFT 마켓을 적극적으로 이용할 줄 아는 특별한 글로벌 유저들을 만날 수 있는 곳이구나! 그들을 매혹시키는 NFT 아트 프로젝트를 도전해보고 싶다! 라는 자극이요.

평범한 디지털 이미지를 특별하게 만드는 일, 바로 우리 캐릭터 작가들이 늘 마법처럼 해내는 작업 아닐까요.

캐릭터 작가로 꼭 엄청 대단해질 필요는 없지만, 가슴에 뜨겁고 말랑말랑하면서도 예측불가한 폭탄이 있어요. 언젠가 한 번 확 저질러보자구요!

크리에이터가 활동할 수 있는 기타 사이트

생각보다 아주 다양한 부업으로 캐릭터 작가가 돈을 벌고 있다는 사실을 알고 있나요? 돈을 많이 번다고 알려진 곳이 아니더라도 발품을 조금만 팔아보면 그림으로 쏠쏠하게 돈을 벌 수 있는 곳이 많이 있습니다.

캐릭터 할로윈 AR 필터   갤럭시 테마

메타버스 플랫폼 제페토에서 3D 패션 아이템 제작, 디자인 플랫폼 미리캔버스에서 이미지 콘텐츠 업로드, 동영상 플랫폼 틱톡에서 AR 필터 제공, 갤럭시 테마샵에서 배경테마를 제작하는 등 캐릭터 작가들이 활동할 수 있는 무대는 무궁무진합니다. 처음 들어보는 분도 많죠? 그런데 이미 이곳에서도 억대 수입을 올리는 작가들이 있다는 사실을 기사를 조금만 검색해도 바로 알 수 있습니다. 소수의 인기 작가에게 해당되는 수익이지만 경험도 소중한 재산이라는 것도 잊지 마세요.

찾아오는 기회, 찾아가는 기회

제가 한창 메타버스 공간에 관심을 가질 즈음이었습니다. 세컨블록이라는 메타버스 플랫폼을 종종 이용하였는데, 픽셀 아바타와 맵이 싸이월드 시절을 떠오르게 해 더욱 정감이 가는 네트워킹 공간이었습니다. 세컨블록에서는 온라인 세미나나 공익 캠페인도 많이 열리곤 했습니다. 악녀는 마리오네트 웹소설 작가 팬미팅, 마인드유 온라인 콘서트, 환경부 기후변화 캠페인 등 유익한 콘텐츠 프로그램을 즐기며 이 공간에 점점 반하게 되었어요.

"내 캐릭터로 이 공간을 즐기고 싶어!"

출처 : 두나무 세컨블록 홈페이지

도저히 참을 수 없어 세컨블록에 파트너 제안을 하였습니다. (보통 기업 홈페이지에 파트너 제안 연락처가 있답니다) 이력 사항과 함께 연락을 드리며, 팬으로 이 공간을 너무 잘 이용하고 있고 세컨블록의 아바타 아이템을 만들고 싶다고 마음을 전했습니다. 그렇게 인연이 되어 제 캐릭터 아바타가 두나무 세컨블록의 공간에 등장하게 됩니다.

어렵게 픽셀 아트 공부를 하고 픽셀을 하나하나 찍으며 나의 무모함을 다시 또 돌아보기도 하였지만, 지금도 나의 아바타로 메타버스 작업실에 출근하며 정말 멋진 경험을 했다고 생각합니다. 제가 직접 찾아간 기회로 기업과 멋진 아트 콜라보를 할 수 있었어요.

하지만 여기서 끝이 아니에요. 이번엔 기회가 찾아왔습니다. 세컨블록에서 강연 제의가 들어온 것입니다. 일일 이모티콘 특강을 함께 해보자는 제안이었어요. 온라인 녹화 강의 경험만 있었던 차라, 실시간 강의는 처음이어서 긴장될 텐데 내가 잘할 수 있을지 고민이 되더라고요. 그렇게 고민 끝에, 메타버스 공간에서 강의를 하게 되었습니다. 특강 당일, 걱정이 무색하게 200명이 넘는 분들과 정말 잊지 못할 즐거운 하루를 보낼 수 있었어요.

저는 도전과 경험을 참 좋아하는 작가인 것 같습니다. 제 그동안의 포트폴리오를 보니 별걸 다 만들어보았더라고요. 정처 없이 떠돌아다니며 겪은 경험들이 실속 없고 무용하지는 않았나 하는 생각이 들 때도 있지만, 지금 이렇게 책에서 여러 이야기를 해줄 수 있게 되었으니 이 모든 경험에 감사하게 되었습니다. 찾아오는 기회, 그리고 찾아가는 기회, 어느 경험 하나 소중하지 않은 것이 없다는 걸 선물처럼 깨닫게 될 거예요. 그러니 '하고자 하는' 자신의 마음에 귀를 기울여주세요.

"도전, 실패, 거절이 두려우신가요?"
인생에서 가장 두려운 것은 이 세 가지가 아니에요. 머뭇거리고 하지 않았던 것들의 후회가 가장 크다고 합니다. 지금은 단지 머뭇거림이지만 그 순간에 놓친 많은 시간들은 다시 돌아오지 않습니다.

저는 2018년 12월 15일 첫 이모티콘 승인으로 모든 것이 달라졌습니다. 고작 6년 전일 뿐인데, 6년 동안의 경험은 앞으로의 제 평생을 크리에이터의 관점으로 살아가게 하는 계기가 되었어요.

하루를 가만히 잘 들여다보면 나의 꿈을 위해 투자할 수 있는 시간이 충분히 있습니다. '내가 어떻게 작가가 돼?!'가 아니라 '오늘부터 인기 캐릭터들을 연습장에 하나씩 그려볼까!'로 시작하는 것이 새로운 우주를 만드는 빅뱅만큼 의미있는 일이 될 겁니다. 저 역시 빨간 내복 고양이가 없었다면 지금의 '어냐'도 없었겠죠.

내가 지금부터 할 수 있는 아주 작은 일은 하찮은 일이 아닌 건물의 뼈대를 세우는 가장 중요한 일임을 잊지 마세요. 건물의 뼈대가 우리 눈에 보이지 않아도 얼마나 중요한 부분인지는 모두가 알고 있는 것처럼요.

지금까지 콘텐츠 분야에서 캐릭터 작가가 할 수 있는 것들을 살펴보았습니다. 어떤 생각이 들었나요? 무언가 해보고 싶다는 순수한 열망이나 호기심이 생겼다면 아주 좋은 반응입니다. 내가 지금 어떤 마음을 강하게 먹는 계기로 인생이 아주 크게 달라질 수 있는 거거든요.

가장 중요한 것은 성실한 작업, 콘텐츠임을 잊지 마세요.

"나는 공동묘지에서 최고의 부자가 되는 일 따위는 관심 없다. 나에게 중요한 건 매일 밤 잠들기 전, 오늘도 뭔가 멋진 일을 해냈어… 라는 생각이다."

- 스티브 잡스

사업 편

이번엔 사업 편입니다. 콘텐츠 편과 사업 편을 정확하게 나누긴 어렵지만,
좀 더 전문적인 거래가 오가고, 준비가 많이 필요한 분야를 사업 편으로
배치하였습니다.

캐릭터 굿즈를 판매한다고 하면 전국 문구점에 유통하고 대형마트에 입점하며 인터넷 쇼핑몰에 납품하는 모습이 떠오르던 시절이 있었습니다. 지금은 마켓이 세분화되고 구매고객을 만나기가 훨씬 쉬워졌어요. 각 개인 소셜 SNS에서 직접 공동 구매폼을 열어 판매하기도 하며 네이버 스마트스토어 (sell.smartstore.naver.com)를 만들기도 합니다. 소셜 SNS에서 많이 판매하는 상품은 주로 스티커, 엽서, 키링, 스마트톡입니다.

굿즈용 이미지를 만들 때에는 인터넷상에만 올리는 이미지와 다른 설정을 해주어야 합니다. 인터넷상에 올라가는 이미지들의 스펙은 해상도 72dpi에 RGB 컬러로 기본적인 설정값을 갖고 있습니다. 굿즈용 이미지를 만들 때는 해상도 300dpi 이상에 인쇄용 컬러인 CMYK 모드를 사용해야 합니다.

RGB 색상은 red, green, blue의 줄임말로, 빛의 3원색을 말합니다. 빨강, 초록, 파랑, 이 세 가지 색의 광원을 이용하며, 색을 섞을수록 밝아지므로 '가산혼합'이라고도 합니다. 컴퓨터와 같이 빛을 이용한 장치들에 사용되는 색상모드입니다. 화면으로 보는 색으로 칙칙하지 않고 쨍한 색상도 표현할 수 있습니다.

CMYK 색상은 cyan, magenta, yellow, black의 줄임말로 시안, 마젠타, 노랑, 검정을 이용한 잉크체계를 의미합니다. 색을 더할수록 어두워집니다. 일반적인 물감을 떠올리면 됩니다. 인쇄용 색상 모드입니다. RGB 색상으로 작업한 이미지를 CMYK로 변환하면 현실에서 보는 세상의 색상으로 톤다 운되는 것을 볼 수 있습니다.

굿즈는 현실 세상에 인쇄되어 물건으로 나와야 하므로 CMYK 색상으로 작업하여야 합니다. 72dpi, RGB로 인쇄하면 어떻게 되냐고요? 그림의 화질이 안 좋게 흐릿하면서, 색상은 화면상 보았던 색과 다르게 탁하고 칙칙하게 나온답니다.

인쇄용 CMYK 설정하는 법

사용하는 프로그램에서 파일 설정을 찾아 Resolution(해상도)은 300Pixels/Inch로 선택하고, Color Mode를 CMYK Color로 선택해주면 됩니다.

....

300dpi = 300Pixels/Inch

DPI란 Dot Per Inch의 약자로 화면 1인치당 들어가는 점의 수를 뜻합니다. 인쇄물의 해상도를 조절하는 단위입니다. 72dpi는 우리가 웹상에서 보는 디지털 이미지들의 일반적인 해상도이며, 인쇄를 할 땐 300dpi 이상 수준의 해상도를 사용합니다.

즉, 디지털 작업 = 72dpi, RGB 색상 / 인쇄물 작업 = 300dpi, CMYK 색상으로 설정해놓고 작업하면 됩니다.

업체 제작도 어렵고, 배송도, 재고관리도 안 하고 싶은데 굿즈는 만들 수 없는 걸까요? 이럴 때 사용하기 좋은 크리에이터 굿즈 마켓이 있습니다.

마플샵(marpple.shop)과 오라운드(oround.com)는 작업한 이미지를 등록하기만 하면 굿즈 목업이 적용돼 판매목록으로 등록시킬 수 있습니다. 팬들에게 링크만 알려주면 쇼핑하듯 물건을 사고, 제작과 배송을 모두 사이트에서 직접 해줍니다.

Pink Deam
by 어나

나오나오별
by 어나

애플 냥이
by 어나

부기 메론빵
by 어나

오라운드에 등록된 굿즈 모습

사이트에서 모든 관리를 해주기 때문에 관리수수료+제작비용+작가 마진으로 가격이 책정되어 굿즈의 가격이 비싼 편입니다. 작가의 마진으로 남는 굿즈 가격은 작가가 직접 정할 수 있습니다. 팬과의 교류와 굿즈 제작 경험을 목적으로 한다면 위 사이트를 이용하고, 실제 굿즈 사업을 하고자 한다면 직접 제작하고 판매하는 쪽을 추천합니다.

캐릭터 굿즈 분야에서 중요 포인트

굿즈 사업에 성공하기 위해서는 예상 구매고객 수의 기대치가 높은 대중적인 굿즈를 만드는 것이 유리합니다. 예를 들면, 다이어리를 꾸미는 취미를 가진 사람이 많으니 스티커를 판매하는 것은 좋은 전략이 됩니다. 가격도 부담이 없으며 사용을 많이 하므로 소모도 빠릅니다. 시중에 어떤 캐릭터 굿즈가 많이 사랑받고 팔리는지 꼭 시장조사를 해보실 것을 추천합니다.

문구 브랜드 사업,
똑 소리 나게 시작해보기!

Nyoni Nyoni Studio

뇨니뇨니 스튜디오 스토어샵

🔍 https://www.nyoninyonistudio.com/

안녕하세요? 이모티콘 '치치의 일상생활' 이후로 이모티콘 캐릭터와 함께 문구 브랜드를 운영하고 있는 뇨니뇨니 스튜디오입니다.

많은 분들께서 자기의 캐릭터를 활용한 굿즈 및 문구 제품들을 많이 만들고 싶어 하시더라고요. 저 또한 그랬고 지금까지 총 4년 동안 문구 브랜드를 운영하고 있습니다.

처음으로 굿즈를 만들 때 많은 분들께서 뭐부터 시작해야 할까? 이렇게 만들어도 괜찮은 걸까? 라는 생각을

여행을 떠나요 스티커

많이 하실 것 같아요. 좀 더 실패 없는 굿즈 만들기를 위해 4년 동안 쌓아온 노하우들을 여러분들께 알려드리려고 합니다!

1. 나는 내 캐릭터로 무엇을 하고 싶은가?

많은 분들께서 이모티콘 승인 후 자기의 캐릭터를 활용한 제품들을 만들고 싶어하실 거예요. 가장 중요한 건 내가 정말 원하는 것이 무엇인가를 정하는 거라고 생각해요. 브랜드를 운영함에 있어 스스로 어떤 점이 나에게 중요한지 정하는 것은 매우 중요합니다.

정확한 목적을 정하지 않고 시작할 경우 긴 시간 동안 브랜드 운영을 이어가는 것

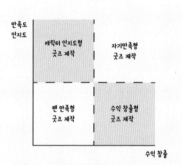

은 힘들 수도 있다고 생각합니다. 제가 브랜드를 운영할 당시 아무도 이 부분에 대해 알려주지 않았고 긴 시간 동안 브랜드를 운영함에 있어 방황했던 것 같습니다!

브랜드 운영의 목표 설정을 위한 아래에 있는 네 가지 선택 중에 골라 봅시다!

팬 만족형 · 판매 목적보다는 팬들만을 위한 제품 제작

캐릭터 인지도형 · 내가 좋아하는 내 캐릭터를 알리기 위한 제품 제작

수익 창출형 · 이모티콘도 만드는 김에 돈을 버는 게 제일 목적이다!

자기만족형 · 소비자보다는 내가 원하는 제품을 만들어서 수익을 내고 싶다

---

(1) 팬 만족형

팬들을 위한 굿즈를 판매하기 위해서는 자기만족보다는 구매하는 팬분들이 어떤 제품을 좋아할까? 라는 생각도 함께해야 합니다. 특히 제품군에 있어서 내가 좋아하고 원하는 제품이 아닌 소비자들이 실생활에 사용할 수 있는 제품들을 만들어

더욱더 쉽게 구매하고 사용하실 수 있도록 합니다. 그렇기에 제품 제작 시 스토리나 게시글을 통해 예시 샘플 이미지를 만들어 의견을 받아보는 것도 좋습니다. 소비자와의 긴 소통을 통해 제품을 선택하고 판매하신다면 더 만족스러운 제품을 만드실 수 있을 거라 생각합니다.

(2) 캐릭터 인지도형

캐릭터 인지도를 살리기 위한 제품을 제작할 경우 자기의 캐릭터와 어떤 제품이 잘 어울리는지에 대해 생각해봐야 할 것 같습니다. 저는 작화마다 어울리는 제품들이 있다고 생각합니다. 예를 들면 귀여운 동물 캐릭터의 경우 스티커 또는 엽서가 잘 어울릴 것이고, 좀 웃긴 캐릭터다 하시면 오히려 키링 제품이 더 잘 어울릴 거라 생각합니다.

소비자들이 내 제품을 사서 어디에 잘 맞게 쓸까? 라는 생각을 좀 더 해보면 도움이 될 것 같아요. 좋은 방법으로 자신과 비슷한 캐릭터 느낌을 살리시는 작가님들의 제품 후기들을 보고 제작하실 때 참고하는 것도 좋을 것 같습니다.

(3) 수익 창출형

나는 제품을 제작을 해서 돈을 버는 것이 목적이다! 라고 하신다면 저는 자기의 욕심을 버리라고 말씀드리고 싶습니다. 제품 디자인에 있어 나의 생각이 아닌 구매하는 소비자의 소비패턴에 좀 더 집중해서 제품을 제작해야 합니다. 수익을 창출하려면 결국 소비자가 제품을 구매해야만 합니다.

가장 좋은 방법으로는 내가 어떤 브랜드를 운영할 것이고 그에 해당되는 작가님들의 인스타와 후기를 살펴보고 그 제품을 사용하는 소비자들이 원하는 니즈를 객관적으로 파악하고 그것을 내 제품에 실행시키는 것입니다.

(4) 자기만족형

'제가 처음부터 끝까지 겪어보고 싶고 제가 하고 싶은 걸 하고 싶어요!' 라는 생각을 가지고 있으시다면 저는 제품 제작 시 투자할 수 있는 자본을 꼭 준비한 후에 시작하시라고 말씀드리고 싶습니다. 다양한 경험을 위해서는 충분한 자본이 필요하고 긴 시간 동안 브랜드 운영을 위해 좌절하지 않도록 좀 더 계획적으로 운영하셔야 한다고 생각합니다.

뇨니뇨니 친구들

지금까지 브랜드 운영에 대한 목표를 정하는 걸 함께 해봤는데요!
다음으로 우리가 체크해봐야 할 부분은 내 캐릭터에 대한 트렌드성입니다.

2. 제품의 트렌드성

"제품을 제작하는데 트렌드성이 필요한가요?" 라는 의문이 드실 수 있다고 생각합니다. 이 부분이 정말 너무 중요한 건 국내 트렌드는 매우 빠른 속도로 변화하고 있고 내 캐릭터가 지금의 트렌드에 맞는지 캐치하지 못하면 뒤늦게 유행에 참여하게 되거나 유행에 뒤처지는 상황이 발생됩니다.

예를 들면 지금 문구 시장에서는 유테를 활용한 제품들의 스티커가 인기입니다. 그런데 나의 캐릭터는 선이 없는 캐릭터라면 사실 내 캐릭터를 유테로 그려 제작을 하는 것이 맞다고 생각합니다. 저는 정말 긴 시간 동안 트렌드를 따라가지 않으려고 했고 그러다 보니 정말 소중한 순간들을 많이 놓친 것 같습니다.

과거에 '아니, 나는 유행 안 따를 거야!' 했을 때 다른 분들은 이미 그 유행에 따르셨고 뒤늦게 '아, 유행 따를까?' 라고 했을 때는 정말 늦었더라고요!

여기서 정말 큰 꿀팁은 오히려 트렌드의 흐름을 잘 따라가는 것이 정말 좋다고 말씀드리고 싶어요.

3. 제품 제작의 적합성

적합한 캐릭터

제 캐릭터는 원래 뿔이 달린 사슴입니다. 지금의 캐릭터와 비교해보면 정말 많이 달라졌다고 느끼실 거예요.

예전에는 뿔이 달린 사슴을 계속 고집했습니다. 다만 그 당시 트렌드는 무테 스티커가 유행했었고 제 캐릭터의 뿔이 제품을 제작하는 데 많은 어려움을 줬습니다.

결국 제 캐릭터는 원래의 캐릭터와 달리 사슴뿔이 없고, 모르시는 분들은 치치가 사슴인 것조차 모릅니다. 그렇게 저는 제 캐릭터의 정체성도 잃어버렸고 지금은 이전과 많이 다른 치치가 남게 되었습니다. 만약 이모티콘과 캐릭터를 활용한 제품을 제작하신다면 저는 뿔, 꼬리, 가방, 모자 등등 부수적으로 가지고 있는 부분들은 넣지 않는 것을 추천드립니다.

제품 제작과 적합한 색상

제품을 제작해본 적이 없으시기 때문에 아마 캐릭터를 만드실 때 캐릭터 색상에 대해 생각을 많이 못해보셨을 거라 생각합니다. 저 또한 그랬고 그렇게 10회 이상의 캐릭터 색상 변경으로 지금의 치치를 완성하게 되었습니다. 캐릭터 제작에 있어 색상이 중요할까 싶을 수도 있는데, 제품 제작 특성상 제작 공장, 온도, 습도, 제작자의 컨디션에 따라 제품이 모두 다른 색으로 나옵니다. 카카오 프렌즈 제품의 경우 조르디는 제작 공장마다 제품의 색상이 다르다는 것을 알 수 있습니다. 이 부분은 대기업이어도 맞추기 어려운 색상입니다.

그래서 여러분들을 위해 제가 제품 제작하는 동안 알게 된 꿀팁을 알려드리려고 해요!

첫 번째, 이 색상은 피하자!!

제가 제품 제작하면서 제일 어려웠던 색상은 바로 '브라운'과 '민트' 그리고 '옐로우' 입니다. 특히나 브라운과 민트의 경우 업체마다 색상이 다르게 나오기 쉽고 같이 제작되는 다른 색상에 피해를 주기 쉽습니다. 내가 생각한 건 브라운인데 고동색 으로 올 수도 있고 내가 생각한 건 예쁜 민트색인데 썩은 샤인머스캣 색상일 수 있 습니다. 저도 알고 싶지 않았어요…. 이 와중에 옐로는 왜 넣었나요?라고 생각하실 수 있습니다. 옐로의 경우 색상값 CYMK의 C가 들어갈 경우 정말 탁한 오렌지라고 할 수도 없는 색상이 나옵니다.

핑크에 C가 1 이상 들어간 경우   옐로우에 C가 1 이상 들어간 경우

그러다 보니 실수로 C가 들어갔을 경우 제품을 파본으로 판단하고 싸게 판매하는 경우도 있고 소비자들이 원하는 색감과 맞지 않아 구매가 저조할 수 있습니다.

두 번째, 색상 조합의 완전한 꿀팁?

· 옐로나 핑크계열 색상의 경우 절대 C를 넣지 않는다!

· 블루의 경우 C만 넣으면 예쁜 색상을 얻을 수 있다!

· 블랙의 경우 K만 넣자! 다른 색상과 섞이지 않아서 완전한 블랙 색상을 만들 수 있다.

· 민트, 그린 계열은 색상표를 참고해서 사용하자!

이 네 가지만 지키신다면 제품 만드실 때 컬러로 힘드신 점은 없을 거예요!

지금까지 여러분들의 소중한 캐릭터들을 활용해 제품을 제작하실 때 좀 더 도움이 될 만한 팁들을 적어 봤습니다. 이 책으로 인해 많은 분들께서 행복한 캐릭터 그리고 굿즈 만들기 하셨으면 좋겠습니다!

뇨니뇨니 스튜디오

뇨니뇨니스튜디오 클로버 모빌 마스킹테이프

안녕하세요? 저는 '치치의 일상생활' 이모티콘 작가이자 4년 동안 〈뇨니뇨니 스튜디오〉 브랜드 대표 배망고입니다.

저의 캐릭터를 이모티콘은 물론 다양하게 활용한 제품들을 판매하고 있으며, 캐릭터 제품뿐만 아닌 마스킹 테이프, 다이어리, 다이어리 커버 등 다양한 분야의 제품을 같이 디자인하고 판매하고 있습니다. 국내에서 뿐만 아닌 중국, 일본, 캐나다, 미국 등 해외에서도 판매를 하고 있으며 추후 제품 제작으로 활동 반경을 넓히려고 합니다.

사장으로 살아남기 유튜브_ 뇨니뇨니 스튜디오 편

각 지역별로 있는 컨벤션센터에서는 유용한 전시회가 많이 열립니다. 경제·무역·문화·관광 등 다양한 분야의 전시회가 있으며, 이중에도 캐릭터 작가가 참여할 수 있는 전시회가 많습니다. 개인 작가가 가장 주목하는 페어는 서울일러스트페어와 K-일러스트페어입니다. 가장 큰 서울 일러스트레이션 페어(seoulillustrationfair.co.kr)는 부스 신청도 약 9개월 전부터 미리 받으며 부스 대여비용도 최소 70만 원 이상 듭니다. 부산 일러스트레이션 페어, 대구 콘텐츠페어 외에 참가할 수 있는 크고 작은 페어가 많으므로 내 주변에 어떤 페어가 있고 컨벤션센터의 소식을 찾아보는 것을 추천합니다.

페어에 참가하는 목적은 나의 캐릭터 IP를 홍보할 수 있으며, 직접 만든 캐릭터 상품을 판매하고, 관련 산업 파트너를 만나기 위함입니다. 다양한 소비자와 나의 캐릭터를 좋아하는 팬을 직접 만나는 일도 무척 가치 있으며, 페어를 통해서 업체의 제안을 받아 새로운 기회를 얻게 되는 일도 생깁니다. 작가가 되었다면 꼭 한 번은 경험해볼 버킷리스트 중 하나가 아닐까요.

민들레 작가 페어 부스

페어 분야에서 중요 포인트

페어는 여러모로 신경 쓸 부분이 많습니다. 페어에 낼 포트폴리오 준비, 판매할 상품 준비, 부스 꾸미기, 고객 응대 서비스, 판매 시스템 고려, 이벤트·

홍보 전략, 재고관리까지 보통 일이 아닙니다. 하지만 이 모든 힘든 과정을 감수하고도 SNS에 나의 팬이 늘어나고, 캐릭터 상품 판매 수익, 인지도 상승, 협력 업체를 만나게 되는 일 등 매력적인 이점에 많은 작가가 페어에 참여하고 있습니다.

캐릭터를 많이 사랑해주는 사람들을 어디서 또 이렇게 많이 만날 수 있을까요? 페어에서 제공해주는 것은 하나의 무대입니다. 이 무대를 어떻게 활용하는지는 모두 작가에게 달려있습니다.

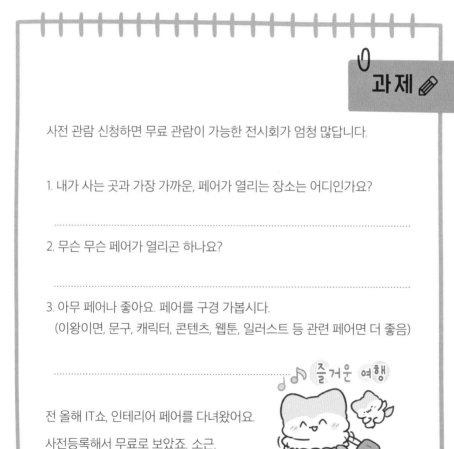

과제 ✏️

사전 관람 신청하면 무료 관람이 가능한 전시회가 엄청 많답니다.

1. 내가 사는 곳과 가장 가까운, 페어가 열리는 장소는 어디인가요?

   ....

2. 무슨 무슨 페어가 열리곤 하나요?

   ....

3. 아무 페어나 좋아요. 페어를 구경 가봅시다.
   (이왕이면, 문구, 캐릭터, 콘텐츠, 웹툰, 일러스트 등 관련 페어면 더 좋음)

   ♪♫ 즐거운 여행

전 올해 IT쇼, 인테리어 페어를 다녀왔어요.
사전등록해서 무료로 보았죠. 소근.

꾸준히 나의 상품이나 재능을 판매할 수 있는 장소가 필요하다면, 마켓 플랫폼에 입점하는 방법이 있습니다. 국내에 가장 큰 마켓 플랫폼으로 아이디어스와 크몽을 소개합니다.

아이디어스   크몽

아이디어스(https://www.idus.com/)는 주로 작가가 직접 만들고 고객에게 배송하는 실물 상품이, 크몽(kmong.com)은 재능·실무·외주와 관련된 서비스가 메인으로 취급되고 있습니다. 각 사이트에서 '캐릭터'를 검색해보세요.

예시 품목들
- 아이디어스 : 캐리커쳐, 로고, 일러스트, 쿠키, 케이스, 인형, 케이크, 스티커 등
- 크몽 : 캐릭터 개발, 3D 모델링, 로고, 캐리커쳐, 커미션, 이모티콘, 브랜딩 등

입점 심사나 입점 후 상세페이지를 위해 포트폴리오를 잘 준비해두어야 합니다. 대단한 실적이 있는 것도 홍보 포인트가 되겠지만, 보통은 후기나 상품 설명에 있는 이미지로 된 결과물이 더 판매에 큰 영향을 줍니다.

☆ 평소에 내가 작업해놓은 모든 작업물을 잘 모아두는 습관을 들이세요. 언제 어떻게 이미지가 사용될지 알 수 없답니다.

그리고 무심코 대충 만드는 [폴더명, 파일명]을 조금 더 신경을 써서 등록해놓는다면, 먼 훗날 관련 파일을 찾을 때 덜 고생할 수 있습니다.

추천 폴더·파일명 : 종류_캐릭터명_주제_메모 등

이모티콘_부기4탄_카카오톡

일러스트 여요미 하트하트

기후변화공모전_그림_자연보호

〈자세한 파일명 관리〉

내가 마켓에 입점한다면 무엇을 판매해보고 싶나요?

사업 브랜드화 (사업자, 스튜디오 운영) ④

작가명으로 활동하는 것과 ○○스튜디오, ○○연구소, ○○디자인과 같이 브랜드명으로 활동하는 것은 다른 이점이 있습니다. 작가명으로 활동할 땐 작가 개인의 인지도를 올리고 더욱 친근한 느낌이고, 브랜드명을 만들어 활동하면 전문성과 신뢰도가 느껴집니다. 좋은 브랜드명에서 느껴지는 전문성은 마케팅에 효과적이며, 특정 프로젝트를 진행할 때 가치 있는 제품이나 서비스를 제공할 거라는 믿음이 생깁니다.

오프라인으로 샵을 갖는 것도 좋겠지만, 온라인상에 SNS나 홈페이지를 잘 만들어 놓는 것으로도 충분합니다. 신뢰 속에서 더욱 전문적인 비즈니스 활동을 하기 위해서는 사업자로의 스케일이 필요한 경우가 많습니다. 전문적인 홈페이지, 브랜딩, 상품 등록, 검색 시 노출되는 정보 유무, 사업자 등록과 같은 것을 말합니다.

사업 브랜드화 분야에서 중요 포인트

사업자 등록은 무조건 해야 좋은가요? 아닙니다.

종종 작업을 의뢰받을 때, 세금계산서를 발행해줄 수 있는 사업자인지 확인하는 경우가 있습니다. 그리고 입점 조건에 사업자가 있어야만 판매할 수 있는 경우도 있어요. 하지만 개인 프리랜서의 세금은 3.3%인 것에 비해, 사업자의 세금은 10%부터 시작하기 때문에 꾸준히 안정적으로 수입이 들어

올지, 벌이가 사업자를 등록할 정도의 수준이 되는지를 따져보고 신중히 결정해야 합니다.

"SNS에 검색해보니 캐릭터 작가는 스튜디오를 가장 많이 쓰는 것 같아요. 계정 닉네임에 studio를 붙이면 전문적인 느낌, official을 붙이면 오리지널 브랜드의 공신력이 느껴지네요."

나의 브랜드명을 지어봅시다.

크라우드 펀딩 ⑤

캐릭터 상품도 만들고 캐릭터 사업을 하고 싶은데, 재료비며 투자비용이 부담이 된다면? 먼저 내 상품을 구매해줄 고객을 확보하고 생산을 해보는 건 어떨까요? 이러한 일이 현실로 이뤄지는 것이 바로 크라우드 펀딩입니다.

크라우드 펀딩 : 웹이나 모바일 네트워크 등을 통해 다수의 개인으로부터 자금을 모으는 행위

텀블벅

🔍 https://tumblbug.com

국내 대표 펀딩 사이트로, 문화 예술, 출판, 패션, 게임 등 다양한 분야의 크리에이터 프로젝트를 소개하고 있습니다. 캐릭터 분야에서는 아트토이, 인형, 키링, 달력, 스티커와 같은 캐릭터 굿즈 외에도 그림책, 브러쉬, 웹툰 리소스, 게임 등 다양한 펀딩이 이뤄지고 있습니다.

텀블벅 홈페이지에서 프로젝트 올리기를 클릭하면 창작자 가이드가 나오며, 프로젝트를 작성해서 올리면 프로젝트 심사를 거쳐 펀딩에 참여할 수 있습니다. 펀딩에 실패하더라도 책임질 부담금이 없으며 성공시 일정 수수료를 제외하고 프로젝트를 위한 자금을 정산받게 됩니다.

아이돌룩 콜라보 인형 - 텀블벅

프로젝트 투자비용을 받는 것으로 끝이 아닙니다. 프로젝트 완수까지 책임감 있게 전 과정을 수행해야 합니다. 완성작을 펀딩 참여자에게 잘 전해줘야 하기 때문이죠.

그래서 프로젝트를 구상할 땐 실현 가능성이 있어야 하며, 실제로 모든 과정을 다 설계한 상황에서 펀딩을 소개해야 합니다. 또한 펀딩 상세페이지를 통해 사람들을 설득할 수 있어야 합니다. 관심 분야의 펀딩 창에 들어가 상세페이지를 잘 살펴보세요.

- 주요 구성 내용 : 펀딩 계기, 펀딩 목표, 팀 소개, 제작 계획, 프로토 타입 소개, 펀딩 구성, 펀딩 일정 등

개인 작가와 업체가 함께 콜라보 프로젝트를 진행하기도 합니다. 생산 기술과 유통망은 있지만 콘텐츠 IP가 필요한 업체, 콘텐츠 IP는 있지만 다른 과정이 어려운 개인작가가 만나 높은 시너지를 낼 수 있습니다.

좋은 발명은 불편함과 고민을 해결해주는 것에서 나온다냥!

＊ 일상에서 좀 더 편하고 싶은 것, 나의 고민을 적어보라냥

마켓 플랫폼에 입점하거나 SNS를 잘 만들어 놓으면 다양한 외주나 협업 연락을 받을 수 있습니다. 인스타그램 DM이나 이메일을 통해서도 연락이 많이 오는 편인데, 처음 외주를 받는 경우에는 과정과 비용까지 모두 생소하여 당황할 수 있습니다.

(1) 업체 컨택

지정해놓은 연락망으로 업체의 제안이 들어옵니다. 보통 비용 내용은 먼저 제안하지 않습니다. 함께 작업하고 싶은 간략한 내용과 업체 설명을 함께 하는 것이 일반적입니다. 자세한 내용이 부족한 경우, 추가 요청을 합니다.

ex) 안녕하세요, 어냐 작가입니다. 연락 주셔서 감사합니다.

- 보내주신 내용과 관련하여 자세한 내용이 궁금합니다.

  더 자세히 어떤 작업이 필요할까요?

- 개발해야 할 캐릭터의 복잡도나 사용 용도에 따라 비용이 달라지기

  때문에 먼저 자세한 내용이 필요합니다.

- (작업이 어려울 시) 안녕하세요. 어냐 작가입니다. 제가 일정 문제로

  작업이 어려울 것 같습니다. 좋은 기회로 연락 주셔서 감사합니다!

- 12월 이후로 시간이 날 것 같은데 괜찮을까요?

- 혹시 필요하시다면, 다른 작가님을 소개해드려도 괜찮을까요?

(2) 견적서

업체에서 먼저 비용 이야기를 해줄 때도 있지만, 작가가 제안하거나 견적서

를 보내기도 합니다. 비용을 제시해달라고 말해올 경우, "관련 작업을 다른 곳과 진행했을 때, 보통 어느 정도로 계약을 하시나요?"라고 시세를 물어보고 조율하거나, "자세한 내용을 검토해보고 제가 견적서를 (언제까지) 보내드리겠습니다."라고 답하면 됩니다. 그다음 시세를 검색해서 참고하거나 내게 적절한 비용의 견적을 잡습니다. 견적서는 정해진 양식은 없지만, 시중의 견적서 문서에 다음과 같은 내용이 비슷하게 들어갑니다.

견적서

_____년 _____월 _____일 _____귀하

아래와 같이 견적합니다.

견적 품목 : 캐릭터 개발 / 대표자 : 어냐 / 연락처 : ○○○

품 명	내 용	단 가	수 량	금 액	비 고
캐릭터	A	○○○○	1	○○○○	
	B	○○○○	3	○○○○	
			공 급 가 액	○○○○	
			부 가 세	○○○○	
			총 계	○○○○	

제작 기간 : 협의

안녕하세요. 귀엽고 사랑스러운 캐릭터 콘텐츠를 만드는 이모티콘 작가 어냐입니다.
따뜻하고 행복한 콘텐츠로 함께 하겠습니다. 감사합니다.

기타 참고사항 (선택, 자율적으로 넣어주세요)
: 작업 과정은 … 1차 시안 수량은 : 3개를 제공해드리며 …… 시안 수정 횟수는 ……

※ 견적 유효기간 : 발행일로부터 _____ 일

(3) 계약서 검토

작업을 진행하게 되면 계약서나 용역계약서를 업체로부터 받게 됩니다. 계약 단계에서 중요하게 체크해야 할 사항은 다음과 같습니다.

- 계약서상에 업무량, 업무 범위와 납품 날짜가 구체적으로 들어가야 합니다.

- 기본적으로는 계약금, 중도금, 완료대금으로 나누어지는 것이 원칙이나, 업체와 협의하여 진행합니다. 대금 지급 날짜를 정확히 명시합니다.
- 시안 제공 수량과 최종 시안의 재수정 횟수를 정해놓습니다. 그렇지 않으면 무한 수정과 무한 시안 요청의 굴레에 빠질 수 있습니다.

(4) 작업 납품과 대금 받기

정해진 기한을 잘 지켜 납품하고, 약속된 날짜에 대금을 받으면 완료입니다. 업체와의 협업은 내가 직접 모든 과정을 하지 않아도 특별한 결과물이 나올 수 있는

화락코스메틱 마이팩

멋진 경험입니다. 경력 사항이 될 수 있으며 외주 수입을 얻을 수 있습니다. 이러한 기업 협업 기회를 사이트에서 공모전 형식으로 만날 수 있는 곳이 있습니다. 라우드소싱(https://www.loud.kr/) 에서 여러 디자인 공모에 참여할 수 있습니다. 수준 높은 산업디자인 작품들을 만나볼 수 있어, 구경만 하더라도 기업이 원하는 스타일과 트렌디한 기획에 대한 안목을 배울 수 있습니다.

업체 외주, 협업 분야에서 중요 포인트

악덕 기업을 만나거나, 불공정 계약서로 큰 화를 입는 경우도 많습니다. 꼭 꼼꼼하게 계약서를 살피고, 나와 함께 일할 기업이 믿을 수 있는 상품을 취급하는지, 인터넷에서 정보를 찾을 수 있는 기업인지 확인해야 합니다.

무료 법률 상담 서비스를 받을 수 있는 창구를 소개합니다.

(1) 법무부 '마을 변호사' 서비스

마을변호사 블로그

마을 변호사 서비스는 법무부가 주관하는 서비스로 시민들이 집이나 생활 속에서 접하는 법률 문제를 쉽고 편리하게 조언을 받을 수 있도록 마을마다 연결된 동네 주치의 같은 변호사 서비스입니다. 공익활동에 관심 있는 변호사를 만날 수 있습니다. 동 주민센터로 문의하여 마을 변호사, 마을 법무사를 확인해보세요.

(2) 한국예술인복지재단 예술인경력정보시스템(kawfartist.kr)

한국예술인복지재단 예술인경력정보시스템에 '등록된 예술인'에 한하여

법률상담·컨설팅 게시판에서 무료 상담을 받을 수 있습니다. 예술 분야로 일정 수익이 생기는 작가는 꼭 예술인 등록을 하여 위 사이트의 여러 혜택을 받는 것을 추천합니다.

예술인경력정보시스템 홈페이지

☞ 예술인 등록 관련 글은 5장 222p 참조

각종 공모전과 지원사업을 잘 이용하면 상금을 받거나 지원금을 받아 캐릭터 사업을 할 수 있습니다. 기본적으로 꼭 알아두면 좋은 곳을 소개합니다.

(1) 지원사업과 무료교육

한국콘텐츠진흥원과 지역별 콘텐츠코리아랩에서 매년 신규 캐릭터 IP개발 지원사업을 진행하고 있습니다.

한국콘텐츠진흥원

대한민국 콘텐츠산업 진흥 총괄 기관으로 방송, 게임, 음악, 패션, 애니메이션, 캐릭터, 만화, 신기술 융합 콘텐츠 등 다양한 콘텐츠산업의 성장을 위해 기획·창제작, 유통·해외진출, 기업육성, 인재양성, 연구개발 등의 지원사업과 정책연구를 수행하고 있습니다.

한국콘텐츠진흥원(https://www.kocca.kr)에서 알림마당 - 지원공고를 통해서 해당 사업 정보를 접할 수 있습니다. 사업자 등록 조건 없이 누구나

다양한 지원을 접하기에는 콘텐츠코리아랩을 더 추천합니다. 해당 지점의 지역에 살고 있는 누구나 콘텐츠코리아랩을 이용할 수 있습니다.

콘텐츠코리아랩

콘텐츠코리아랩은 상상력이 창작으로, 창작이 창업으로 이어지는 환경을
조성하기 위해 문화체육관광부와 한국콘텐츠진흥원이 설립한 공간입니다.

콘텐츠코리아랩은 대구, 부산,
충북, 경남, 인천, 충남, 경기, 경
북, 제주, 광주, 전북, 대전, 강원,
전남, 울산 지점이 있습니다.

충북콘텐츠코리아랩 홈페이지

(2) 공모전

공모전 모음 사이트인 위비티(https://www.wevity.com/)에서 다양한 공
모전 정보를 접할 수 있습니다. 검색창에서 '캐릭터'를 검색하면 한 해 동안
다양한 캐릭터 공모전이 있었다는 것을 알 수 있습니다. 트렌드가 중요한
기업의 의뢰 작업과 다르게 지자체 공모전은 주최 단체의 성격에 따라 다
양한 그림 스타일을 선호하기 때문에 꼭 엄청 잘 그리지 않더라도, 정성을
들인다면 좋은 성과를 낼 수 있을 거라 생각합니다.

공모전·지원사업 분야에서 중요 포인트

공모전과 지원사업에서 수상을 하는 방법은 취지를 잘 파악하는 것부터
시작합니다. 용도에 따른 캐릭터 스타일을 분석했던 것처럼, 필요하고 중요
한 포인트를 먼저 잡고 시작하는 것은 반 이상의 점수를 얻고 시작하는 것
과 같습니다.

예를 들어, 산림복지 캐릭터 공모전에 참여한다면, 주최사의 공모전 취지를 확인합니다. "한국산림복지진흥원에서는 국민이 함께하는 산림복지 활동을 통해 국민 소통을 강화하고, **자연감성 및 심리회복**을 도모하기 위해…"

 산림복지와 어울리는 색감은 초록색 계열, 기본적으로 초록색, 나뭇잎을 베이스로 한 캐릭터를 만들면 좋을 것 같고, 심리회복이라 하면 우리에게 감정이 다양하게 있잖아요? 슬픔, 기쁨, 분노, 희망, 사랑 등 여러 감정을 품는 것에 따라서 초록잎의 캐릭터의 머리색이나 머리카락 표현에 감정별로 색깔 표현을 할 수 있으면 의미부여를 하기 딱 좋겠죠! 아니면, 신비한 산속 요정을 만들어버립시다. 반딧불이에서 발전시킨 새로운 요정인 '두근불이' '포근불이'라는 이름이 떠오르네요. 반딧불이의 빛은 형광 노랑색 하나잖아요. 이 요정들은 각자 성격별로 다른 색의 빛을 갖고 있고, 산림에 놀러온 사람들의 행복한 감정들을 느끼고 빛을 내는 설정을 부여하면 됩니다. 이렇게 상상해보는 재미와 함께 기발한 아이디어를 찾아 작가로의 좋은 기회를 많이 잡기를 바랍니다.

검색 포털 사이트에서 '캐릭터 공모전 수상'이라고 검색해서 이미지를 쭉 살펴보세요. 어느 장르든 수상작과 인기작을 살펴보는 것은 중요한 공부입니다. 검색해보고 나의 기획·드로잉 실력과 어느 정도의 차이가 있는지도 점검해보세요.

지금까지 캐릭터로 할 수 있는 일들 '콘텐츠 편'과 '사업 편'을 살펴보았습니다. 제가 보아온 세상을 담은 것이라 이 바다 같은 세상에서 극히 일부의 정보일 수 있습니다. 제가 알려드리고 싶은 것은 하나입니다. 하고자 마음을 먹는다면 안 될 일이 없다는 것입니다.

제가 중요하게 생각하는 마인드가 있는데 '모든 것은 다 사람이 하는 일이다.' 라는 거예요. 엄청 어렵고 대단해 보이는 일도 나와 똑같은 사람이 해낸 일이라는 사실은 저에게 먼저 방법과 가능성을 찾게 합니다.

또한 내가 마주하는 모든 도전과 커 보이는 벽도 다 사람이 얽힌 일입니다. 진심과 열정을 갖고 도전을 하다 보면 100톤짜리 강철 문도 열릴 수 있습니다. 그 문을 열어주는 건 문 너머 사람의 마음이기 때문이에요. 모든 것은 마음과 마음이 통해야 하는 거랍니다. 사람들의 사랑을 받아야 하는 캐릭터와 콘텐츠는 더 그렇겠죠?

우리는 '할 수 없는'이 아니라 '해낼 정도로 노력을 하지 않는' 선택을 하고 있는지도 모릅니다. 방법이 틀렸거나 효율성이 떨어질 때는 고치고 배우려는 노력도 필요합니다. 때로는 과감한 용기가 필요하기도 합니다. 어쩔 땐 오직 순수한 열정과 사랑으로 인내해야 하는 시기도 있습니다.

'노력은 배신하지 않는다'라는 진부한 문장이 있습니다. 그동안 이 진부한 문장대로 노력하여 마법같은 현실을 만드는 여러 작가를 보아오며, 우리의 노력은 '코앞'이 평가하는 것이 아니라 결국 인생이 평가하게 되는 일이라고 말하고 싶습니다.

PART 5

작가가 되어보자

언제나
조명을 원하는 것처럼
살아가는데 말이야
가장 밝은 건 내안에 있고
가장 따뜻한 건 우리 안에 있는 것 같아

작가명, 캐릭터명을 만들자

작가명이 있으신가요? 작가명을 쓰거나 ○○프렌즈, ○○스튜디오라는 이름도 많이 씁니다. 작가명을 만들 때, 미리 검색포털에서 검색해서 동일한 이름의 유명 작가가 있는지 확인해보고 겹치지 않게 짓는 것이 좋습니다. 캐릭터명도 유명 캐릭터와 이름이 겹치면 나중에 상표권 문제가 생길 수 있습니다.

특허정보검색서비스 키프리스(www.kipris.or.kr)에서 캐릭터명을 검색하여 상표가 등록되어 있는지 확인해보세요. 상표가 등록된 품목이 내 분야와 다르면 사용할 수 있거나 개인 작가의 캐릭명이 겹치는 것은 흔한 일이긴 하지만, 유명해지고 사업이 크게 확장된다면 신경 쓸 일이 생길 수 있습니다.

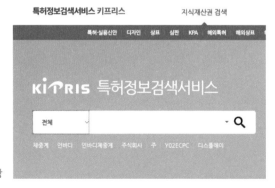

키프리스 홈페이지, 검색창

작가와 캐릭터를 알릴 수 있는 SNS를 개설하면, 따로 포트폴리오를 만들지 않더라도 나의 활동을 증명하는 효과를 가집니다. 작가 SNS를 만들어 작품 활동과 소식을 올리거나, 캐릭터 자체 SNS를 만들어 캐릭터 콘텐츠를 주력으로 올리기도 합니다.

인스타그램 ★   🔍 www.instagram.com

가장 추천하는 SNS입니다. 이미지와 짧은 영상 위주로 활동하는 공간입니다. 이미지 게시물을 가로로 넘기면서 볼 수 있으며 짧은 영상인 릴스도 인기가 많습니다. 외국인 이용자도 많아서 높은 팔로워를 만들 수 있습니다.

해시태그를 이용하여 게시물이 검색되는 시스템입니다. DM을 통하여 외주, 협업, 홍보 제품 협찬 등의 기업 연락을 받기 수월하며 자체 유료 광고 서비스도 잘 구축되어 있습니다.

네이버 블로그 ★   🔍 section.blog.naver.com

소통과 반응이 빠른 인스타그램과 달리, 네이버 블로그는 댓글 소통이나 반응은 약한 편이지만 국내 검색 포털 점유율이 50%가 넘습니다. 그만큼 검색으로 인한 노출 파워가 있습니다. 인스타그램을 하면서 추가로 블로그를 가볍게 운영하면 좋습니다. 작가의 공지사항·소식 사이트라고 보면 되겠습니다. 블로그 프로필에 연락받을 이메일 주소를 넣어놓으면 종종 외주·협업 문의 메일을 받을 수 있습니다.

엑스(구 트위터)

🔍 twitter.com

구 트위터였던 엑스는 주로 10대, 20대가 이용하는 트렌디한 SNS입니다. 게시글 공유와 인용으로 확산력이 정말 탁월합니다. 입담 센스가 좋거나 성격이 쾌활한 작가에게 추천합니다. 재치있는 짤·밈·만화를 꾸준히 올리면 SNS 멋쟁이가 될 수 있을 것 같아요.

유튜브

🔍 www.youtube.com

동영상을 올릴 수 있는 사이트입니다. 영상편집이 쉽지 않지만, 유튜브는 언제나 기회의 바다입니다. 작가의 근황을 기록하는 용도보다는 소비성 콘텐츠를 올리는 것이 적합하지만 꾸준히 올릴 콘텐츠가 있다면 아주 매력적인 공간입니다.

SNS에 올릴 콘텐츠는 일러스트, 만화, 작업하는 모습, 작가의 여러 활동 소식, 도전기, 수다와 일상, 짧고 귀여운 캐릭터 영상, 굿즈 자랑, 홍보하고 싶은 모든 것, 노하우 등 자유롭게 올릴 수 있는 내용이 많습니다.
재미있고 대단한 것을 올리는 것도 좋지만 사소한 일상이나 생각을 나누며 친근한 작가가 되는 것도 또 하나의 행복입니다.

작가의 SNS:
인스타그램 @happyunya
네이버 블로그 https://blog.naver.com/govldjsi
엑스(구 트위터) @happyunya2

내 캐릭터로 귀욤뽀짝 릴스영상과 인스타툰 만들기

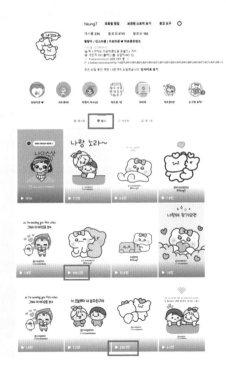

안녕하세요! 이모티콘 작가 하트쿵프렌즈입니다. 사랑스러운 내 캐릭터를 무료로 200만 이상의 뷰도 낼 수 있는 가장 좋은 홍보 방법에 대해 알려드리려고 합니다. 왼쪽의 하트쿵프렌즈 인스타를 확인하시면 270만 뷰와 149만 뷰의 릴스를 확인하실 수 있습니다. (※ 릴스는 인스타의 최대 60초의 짧은 영상을 만들고 공유할 수 있는 기능입니다. 릴스의 좋은 점은 인기 있는 음원을 사용하여 비슷한

pc용 하트쿵프렌즈 (hkung7) 인스타 예시

컨셉으로 릴레이에 참여하면 인기 영상으로 추천될 경우 많은 방문자와 하트를 기대할 수 있습니다. 획기적인 아이디어가 없어도 큰 그림 실력이 없어도 내 캐릭터를 홍보할 수 있습니다. 계속해서 업로드를 한다면 팔로워 숫자도 늘어나고 팬이 생길 수 있어 캐릭터 작가로서 보람된 순간이 많아지는 것 같습니다.)

여기서 잠깐! 캐릭터 홍보 인스타 계정 꿀팁! ✕

릴스를 올리기 전에 설정 및 개인정보 ⇒ 계정 유형 및 도구 ⇒ 프로페셔널 계정으로 전환 ⇒ 추천카테고리(디지털 크리에이터)로 설정을 하셔야 릴스와 콘텐츠의 인사이트를 확인할 수 있습니다.

270만 뷰 이상 나온 릴스 인사이트 예시

내가 올린 릴스의 인사이트 보기를 누르면 뷰와 좋아요 보내기 저장된 숫자도 확인할 수 있습니다. 릴스의 경우엔 처음 올렸을 때는 반응이 없다가 한 달 뒤부터 반응이 오기도 해서 당장의 어떤 반응에 일희일비하지 않고 꾸준하게 업로드하는 것이 중요합니다.

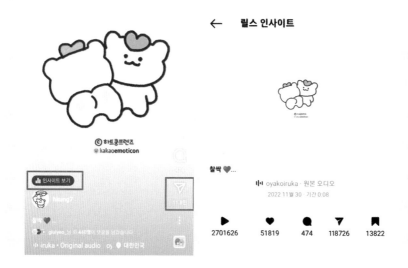

캐릭터 릴스를 만들기 위해서 먼저 해야 할 일

릴스에 올리는 영상은 그림 작업툴에서 직접 만들 수도 있지만 gif를 반복하는 과정이 너무 고된 작업이 될 수가 있어서 아이패드 어플 프로크리에이트와 블로를 사용해서 먼저 각각의 gif로 작업합니다. 왼쪽의 예시와 같이 gif를 대사마다 따로 저장하는 게 좋습니다. 2~3번 반복해도 괜찮습니다. 블로 앱에서 사용하고자 하는 음원에 맞춰서 시간을 얼마든지 줄이고 늘릴 수 있으니깐요. 이렇게 gif가 준비되었다면 본격 영상 제작에 들어가 보겠습니다.

1. 먼저 핸드폰 블로 앱을 설치합니다. 저는 1년 유료로 사용하고 있습니다만 약간의 비용으로 글자 효과 사운드 등 상업적 용도로 무료로 쓸 수 있어서 유튜브 영상 업로드 등 매우 유용하게 쓰입니다. 디지털 크리에이터분들에게 정말 강력 추천하는 앱입니다.

2. gif 이미지를 불러옵니다.

3. 화면비율은 9:16으로 영상 배치는 가운데로 설정합니다.

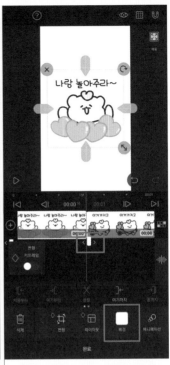

4. 배경을 흰색으로 변경하고 화살표 부분을 통해서 gif를 사운드에 맞게 시간 설정을 늘리고 줄일 수 있습니다.

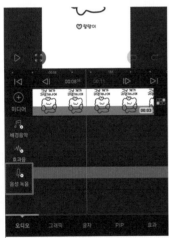

5. 이미지를 사운드에 맞게 하기 위해 음성녹음을 눌러줍니다.(다른 핸드폰이나 pc 인스타에 사용하고자 하는 릴스 음원을 재생합니다).

6. pc나 다른 핸드폰에 나오는 릴스의 음원을 녹음하여 gif 반복 이미지 길이를 맞춰줍니다.

7. 작업이 다 되었다면 추출하기를 눌러줍니다.

8. 해상도를 QHD로 추출하기를 눌러
줍니다.

9. 인스타 계정을 열고 처음에 릴레이
하려고 했던 계정의 음원을 클릭합니
다.

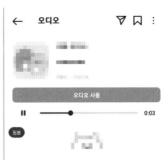

10. 오디오 사용을 누릅니다.

11. 영상과 음원의 싱크를 맞춰줍니다.
블로에서 녹음으로 진행했기 때문에
0.1~0.2초 차이가 날 수 있어서 여기
서 최종으로 잘 맞춰주어야 합니다.

12. 이제 최종적으로 업로드를 해줍니다. 업로드할 때 주제 추가를 해주면 좋
습니다. 시각예술, 그림, 디지털 아트를 선택하면 추천 콘텐츠에 노출이 되어
더 많은 뷰가 나올 수 있습니다.

여기서 잠깐! 릴스 팁과 추천태그 ✕

릴스는 한국인 뿐만 아니라 외국인도 많이 보기 때문에 영어 태그도 함께 넣어 주면 좋습니다. 친구들과 연인에게 공유할 수 있는 커플끼리 꽁냥꽁냥 하는 모습이나 뭐 사달라거나 해달라는 가벼운 소재가 인기가 많습니다. 유행하는 그림 릴스를 따라서 하면 효과가 좋습니다.

#reels #reelsinstagram #doodleart #doodles #reelsvideo #릴스 #funnyvideos #내캐릭터이름

릴스와 함께 인스타툰도 올려보세요!

완벽하지 않아도 괜찮습니다. 인스타툰도 함께 연재한다면 더 많은 사람들에게 내 캐릭터를 무료로 홍보할수 있고 팔로워도 확보할 수 있습니다.

← 게시물

인스타툰은 커플이 인기가 많아서 커플툰이나 일상을 그리면 좋습니다. 그저 공감만 하는 콘텐츠가 아닌 사람들이 어떤 콘텐츠를 친구나 연인에게 공유하고 싶을까? 라고 생각하며 구상을 하면 좋습니다.
#네컷만화 #공감툰 #짤 #그림 #4컷 #4컷만화 #커플짤 #내캐릭터이름

캐릭터 릴스를 만드는 방법이 많이 없어서 제가 가장 효율적으로 할 수 있었던 방법에 대해 알려드렸습니다. 조금이라도 도움이 되셨으면 좋겠습니다. 마지막으로 평소 너무 좋아하는 어냐 작가님 책에 이렇게 특강으로 함께 할 수 있어 영광이고 감사드립니다. 모든 캐릭터 작가님들의 꿈을 응원합니다!

긍정, 행복, 사랑을 전하며 그리는 작가 하트쿵프렌즈입니다. 대표 이모티콘 하트쿵은 8탄까지 카카오 이모티콘샵에 출시되었으며 여사님, 사랑쿵, 랄랑이, 경상도공주콘, 커플티콘, 가족티콘 등 36개의 다양한 카카오 이모티콘을 출시하였습니다. 또한 네이버 밴드, OGQ 마켓, 비트윈, 모히톡, 아프리카TV 스티커에서도 하트쿵프렌즈 이모티콘을 만날 수 있습니다. 많은 관심과 사랑 부탁드립니다.

인스타그램 @hkung7   이메일 hkung7@kakao.com

③ 명함

작가 활동을 시작했다면 멋진 명함도 만들어야겠죠. 작가 명함은 업체 미팅을 할 때나 페어를 참가하거나 작가 그룹을 만나는 일이 생길 때 필요하곤 합니다. 내 캐릭터나 그림을 넣은 명함을 만든다면 더 분명한 인상을 남길 수 있겠죠. "아직 특별한 SNS 활동이나 캐릭터가 없는데요?" 저도 초반기에 아무것도 없는 시절에 만든 명함이 있습니다.

일반적인 명함 사이즈 : 90 × 50 (mm)
작업시 재단되는 오차를 대비해 2mm 더 추가하여 92 × 52 (mm)로 작업합니다.
제가 만든 명함에는 직접 그린 그림과 크리에이터 닉네임, 연락처를 넣어서명함을 만들었어요. 이렇게 나의 개성과 최소한의 연락처만 넣어도 인상 깊은 명함을 만들 수 있습니다. 지금까지도 잘 사용하고 있습니다.

캐릭터 가이드북은 내 캐릭터에 대한 상세한 정보와 설명이 포함된 문서입니다. 캐릭터 가이드북은 캐릭터의 이해를 도와 더욱 매력적인 캐릭터 IP로서의 홍보력을 갖게 됩니다.

캐릭터 가이드북이 필요한 날이 생길 수 있습니다. 내 캐릭터로 계약을 희망하는 업체를 만나거나, 업체에 나의 캐릭터를 소개, 홍보해야 할 일이 생길 때 말이죠. 이럴 때 깔끔하게 만들어 놓은 캐릭터 가이드북을 보내면 긍정적인 검토 결과가 나올 확률이 높아집니다. 캐릭터 가이드북 양식은 내 캐릭터로 어필하고 싶은 내용으로 자유롭게 작성합니다. 주로 이미지 위주로 제작하며 추천하는 내용은 다음과 같습니다.

- 캐릭터 브랜드 소개
- 캐릭터 외모와 설명
- 턴어라운드, 색상표
- 추가 일러스트
- 굿즈 제작 사례나 목업 적용 이미지
- 어필할 수 있는 경력과 경험
- 작가 연락처

☐ CCC9FF ☐ FFB5A6 ☐ FFFCA3

내 캐릭터 브랜드나 로고를 소개하며 시작합니다. 그리고 캐릭터 전체 이미지와 함께 어떤 캐릭터들이 나올지 소개합니다. 가이드북이 프렌즈 단위일 수 있으며, 단일 캐릭터용으로도 만들 수 있습니다. 캐릭터의 앞뒤옆 턴어라운드와 사용된 색상 안내는 꼭 들어가는 편입니다.

캐릭터의 외형을 정확히 이해할 수 있고, 굿즈를 제작할 때 크기와 색상을 참고할 수 있기 때문입니다. 캐릭터 관련 사업을 하는 기업 사이트에 들어 가면 캐릭터 소개 페이지를 볼 수 있습니다. 기업에서 마케팅하는 포인트를 참고하며 나의 캐릭터 가이드북을 완성합니다.

이전 장에서 이력 관련 사항을 바탕화면에 문서를 만들어서 기록해두라고 말씀드렸죠. 작가활동을 하다 보면 종종 작가 소개나 작가 이력을 보내줄 일이 생깁니다. 이럴 때 내가 언제 무엇을 했더라? 하며 급하게 찾게 된답니다. 그때그때 생기는 이력을 잘 기록해두고, 추가로 사진 파일, 작업 파일도 잘 모아두세요. 저도 성과 폴더와 작업 이미지 폴더를 따로 만들어 자료를 모아두고 있습니다.

- 이력·수상 사항 (날짜, 정확한 프로그램 명칭, 기업명)
- 작업한 모든 이미지들
- 기사나 특별한 이벤트 링크나 스크린샷

작가는 SNS 활동 자체가 포트폴리오가 되기도 하지만, 따로 홈페이지를 만들어 포트폴리오로 사용하는 경우도 많습니다.

⑥ 네이버 인물 등록하기

네이버에서 나의 작가명이나 이름을 검색하면 인물정보가 나올 수 있게 등록할 수 있습니다.

네이버 인물 등록은 퍼스널 브랜딩의 필수 준비물입니다. 브랜딩 설계를 잘 해놓으면 검색포털을 통해 내 정보를 노출하고, 끝에는 목표한 활동까지 대중을 끌어당길 수 있는 마케팅 성과를 이룰 수 있습니다.
평소에 꾸준히 해온 SNS활동, 작품 활동들이 이럴 때 빛을 발하겠죠?

공통 등재 기준

이용자들이 특정인의 인물정보를 조회 또는 열람하여 만족스러운 경험을 얻으려면 그에 관한 최소한의 정보가 필요합니다. 따라서, 그의 이름과 직업을 포함해 프로필 사진, 소속 및 직위, 경력, 학력, 작품, 수상 등의 항목에서 3건 이상의 세부 정보가 있을 때 인물정보 등재가 가능합니다. 반드시 요구되는 필요 최소한의 기재 항목 및 그 세부 정보는 인물정보에 등재되는 사람의 직업 특성에 따라 달라지는 경우가 있으므로 반드시 아래의 [직업별 등재 기준]에서 자신이 해당하는 직업을 찾아 참고하셔야 합니다.

– 출처 : 네이버 인물정보 등재 기준

공통 등재 기준을 보면, 이름과 직업을 포함해 직업으로 인정되는 경력 사항이 있을 때 등재가 가능합니다. 이모티콘 출시, 전자책 출시, 전시 경험, 공모전 수상도 경력으로 인정이 되며, 이외에도 여러 직업 관련 활동의 증명이 되는 자료들을 모아서 신청하면 됩니다.

네이버 인물정보 홈페이지　　　　　　　　　🔍 myprofile.naver.com

⑦ 예술인 등록하기

한국예술인복지재단은 예술인의 복지를 위한 여러 지원 사업을 진행하고 있습니다. 먼저 예술을 '업'으로 하고 있다는 예술활동 증명을 신청해야 합니다. 문학, 미술, 사진, 건축, 음악, 무용, 만화 등 11개의 예술 분야에서 활동하는 예술인은 누구나 신청할 수 있습니다. 예술활동으로 얻은 소득이 최근 1년 동안 120만 원 이상이어야 합니다.

예술인경력정보시스템   🔍 kawfartist.kr

예술인경력정보시스템에서 신청할 수 있으며, 창작준비금 지원과 연금보험료 지원, 예술인패스, 심리상담, 법률상담 등 알짜배기 혜택이 많기 때문에 조건에 해당한다면 꼭 신청하는 것을 추천합니다.

캐릭터 저작권은 캐릭터를 만들고 확인할 수 있는 공간에 업로드하는 순간
부터 이미 권리가 생깁니다. 꼭 저작권을 등록하지 않더라도 말이죠. 하지
만 좀더 분명한 보호를 위해서 저작권을 등록하기도 합니다. 일종의 법적
증거자료를 만드는 것과도 같습니다.

한국저작권위원회 〇 https://www.cros.or.kr

일반 저작물로 등록
하며, 캐릭터는 미술
저작물 – 응용미술 –
캐릭터로 선택하면
됩니다. 등록 비용은
23,600원이 듭니다.

보통은 캐릭터 저작권을 일일이 등록하지 않는 편입니다. 작업물을 공표하
는 순간부터 자동으로 권리가 생기기 때문입니다. 하지만 중요한 캐릭터이
거나 좀더 저작권 보호가 필요한 경우에는 저작권을 등록하여 권리를 보
강하는 것도 괜찮으며, 최종적으로는 가장 권리가 강한 상표권을 등록하여
캐릭터를 보호할 수 있습니다.

지금까지 작가가 되고 준비할 수 있는 것들을 알아보았습니다.

작가가 되는 것은 어려운 일이 아니지만 작가가 되고 난 이후가 진짜 시작인 것 같아요. 작품을 꾸준히 만드는지, 콘텐츠 연구와 활동에 얼마나 성실한지, 그리고 내가 진정 가고 싶은 길을 찾아내기까지 작가로 항해하는 여정은 여러모로 성실함이 많이 필요합니다.

작가의 이러한 활동을 즐기는 사람이야말로, 그 누구도 따라할 수 없는 에너지가 생기는 것 같아요. 캐릭터 작가로 이루고 싶은 꿈이 있나요? 그 멋진 꿈을 품고 있는 여러분에게, 현실적인 한 걸음을 내딛고 작가로 자리 잡을 수 있는 가이드가 되었으면 좋겠습니다.

작가님! 항상 응원합니다!

Q&A
작가 좌담회

Q. 나의 작가명은?

어냐 / 라라파인

Q. 작가명의 유래

어릴 때부터 모두가 불러주던 애칭입니다. 제 이름을 부르면, 지언아. 언아. 어냐가 되거든요.

Q. 그림을 잘 그리는 방법

저도 이제는 꽤 잘 그리게 되었지만, 주변 작가들을 보아도, 꾸준히 그리는 만큼 실력이 늘고 잘 그리게 됩니다. 처음부터 잘 그리는 천재는 전 지구에서도 손에 꼽힐 거예요. 그러니 많이 그려야 합니다. 그런데 그림을 빨리 잘 그리는 방법은 있습니다. 잘 그린 작품을 보고 따라그리는 모작 연습!☆ 혼자아무렇게나 많이 그리는 것보다 훨씬 빨리 제대로 실력이 늘지요. 춤도 그렇

잖아요. 우리가 안무를 직접 짜면서 춤 연습을 하는 것이 아니죠. 피아노도 바이엘 악보를 보고 시작하지 자유 연주로 연습하는 것이 아닌 것처럼. 캐릭터도, 이모티콘도 모두 잘 그린 작품 보고 따라그리기! 기억해주세요.

Q. 캐릭터를 잘 개발하는 방법

제가 쓰는 방법을 소개하자면, 먼저 가장 꽂히는 개발 포인트를 정합니다. 새로운 입을 개발하겠어! 이 눈에 어울리는 캐릭터를 만들겠어! 나도 오리 캐릭터를 만들어볼까? 개성이 폭발하는 캐릭터를 만들어야지 등 개발 목표를 정하고 브레인스토밍하듯이 계속 캐릭터를 이것저것 그려보아요.
종이에 연필로 그리기도 하지만, (다들 아시죠. 흑연으로 그림을 그리면 왠지 더 잘 그린 걸로 보이잖아요. ㅎㅎ)
컴퓨터로 그릴 때도 연필 느낌이 나는 브러시가 많이 있으니 이를 이용합니다. 선흔들림 보정은 제로로, 슥슥 그려지는 가벼움, 그리고 필압이 좀 있도록 설정해서 그려봅니다. 그리는 재미가 쏠쏠합니다. 여기서 중요한 포인트는 깔끔하게 그리려 하지 말고 낙서하듯 편하게 그려야 한다는 점이죠. 그러다 마음에 드는 그림이 나오면 그때부터 다음 단계로 다듬고 여러 버전을 그려보며 2차 개발 단계에 들어갑니다.

Q. 작업 환경

PC 컴퓨터와 모니터 2대, 판태블릿을 사용합니다. 액정태블릿이나 패드류는 고개를 숙여야 하므로 목과 어깨, 허리를 위해 그냥 쭉 PC로 작업하고

있습니다.

Q. 캐릭터 작가에게 추천하고 싶은 책

《픽사 스토리텔링》(매튜 룬) 책을 추천하고 싶어요. 캐릭터와 나의 꿈을 사랑하는 방법이 담긴 훌륭한 자기계발서입니다. 세계적인 기업을 이룬 대표들이 초창기, 우리와 같이 평범한 어린 왕자일 때의 이야기들이 담겨 있는데 그들이 얼마나 꿈을 사랑했고 어떻게 꿈을 이뤘는지 알 수 있습니다. 너무 궁금해지지 않나요? 얘기하니깐 다시 읽고 싶어졌어요. 한 가지 더 추천책이 있는데, 제일 마지막에 소개해드릴게요.

Q. 슬럼프가 온 적이 있나요? 어떻게 극복하나요?

슬럼프는 놀랍게도 저에게는 디폴트값처럼 따라오는 스펙입니다. 슬럼프는 스스로가 만드는 늪이거든요. 나 스스로 만족을 하지 못하거나 힘을 내지 못하는 증상과도 같습니다. 즉, 객관적인 현실이 아니라는 점이죠.
저는 누가 보기에도 이것저것 할 수 있는 적당한 실력을 갖추었습니다. 그런데도 만족하지 못하고 작업을 즐기지 못할 때가 많아요. 이를 극복하기 위해서 저는 하고 싶은 작업을 합니다. 이모티콘을 그리다가 책을 꺼내 읽고, 캐릭터를 개발해보고, 자료를 찾아보기도 합니다. 내 에너지가 덜 힘들게 그것을 행할 수 있는 활동을 먼저 해줘요. 지금도 다른 파트의 원고를 쓰다가, 지쳐서 좌담회 원고를 쓰고 있는 거랍니다.(미소)
정말 즐기며 할 수 있는 사람은 축복 받은 거랍니다. 저처럼 쉽게 지치는 힘

든 마음을 갖고 있다면, 마음의 에너지를 따라 자연스러운 작업을 하면서 극복하면 좋겠습니다.

Q. 제가 뭘 하고 싶은지 잘 모르겠어요.

이건 정말 10대 20대 30대, 어쩌면 그 이상의 어른도 늘 하는 고민일지도 몰라요. 저는 제가 뭘 하고 싶은지 지금도 헷갈리거든요. 좋은 방법이 있어요. 일단 해보는 겁니다. 해보면 이게 하고 싶었던 게 맞는지, 아니었는지 느낌이 팍 오거든요. 사실 몇 번 해보는 걸로 판단할 수는 없지만, 뭐든 해보고 안 해보고는 큰 차이가 있습니다. 뭘 하고 싶은지 모르겠을 때는 내가 할 수 있는 걸 그냥 하나씩 해보세요.
해보는 경험은 정말 엄청난 가치의 보물이거든요! 10년 후에도 빛이 바래지 않는 엄청난 보물이 될 겁니다.

Q. 잘 그리는 사람들이 너무 많아요.

저도 이 책을 쓰며 수많은 작가님의 아름다운 작품을 보며 기가 많이 죽었어요. 그런데 정신 차려야 합니다. 세상은 다이아몬드만 필요한 게 아니에요. 제 책이 아주 유용했다고 생각한 독자가 있다면, 저는 훌륭한 제 몫을 한 겁니다. 제가 최고의 작가가 아니어도 말이에요. 세상엔 초보자를 위한 책도 필요하고 고수를 위한 책도 필요하고, 선생님도, 학생도, 학부모도 필요합니다. 종이도 필요하고 스티커도 필요해요.
나랑 아주 사소한 이야기를 나눌 친구도 필요하고, 인기는 별로 없는 캐릭터지만 나에겐 최애인 캐릭터 이모티콘도 써야 한단 말이죠. 이처럼 세상은 다양하고 사람도 많으니깐 걱정하지 말고 즐겁게 작가가 되어주세요. 과정 별로 단계별로 누릴 수 있는 행복이 가득하다고 제가 보증합니다.

Q. 본인 캐릭터 중에서 가장 좋아하는 캐릭터

절 작가로 만들어준 거북이 부기 캐릭터를 당연히 제일 좋아해요. 부기가 예쁜 부기가 되기까지 몇 가지 단계가 있었어요.

와하하~ 너무 재밌죠. 제가 성실하지 못해서 많이 그려주지 못해서 미안하네요. 그렇지만 제가 꿈나무 작가님들을 위해 시간을 많이 쓰는 걸 아니깐 부기도 너무 서운하지는 않을 거예요. (부기 : "변명하지 말라구!")

Q. 캐릭터로 돈을 많이 벌고 싶어요.

캐릭터 작가로 돈을 많이 벌고 싶다면, 그만큼 열심히 작업을 하면 됩니다. 제가 소개한 '작가로 할 수 있는 일들' 중에 성실히만 한다면 돈이 제법 될 수 있는 일들이 많거든요. 열심히 하는 것이 성과로 정직하게 이어질 수 있다는 것은 엄청난 복이에요. 그만큼 욕심내고 성실히 하는 만큼 돈을 많이 벌 수 있는 콘텐츠 시대가 되었습니다! 아마 제 책으로, 캐릭터로 이런 일들을 할 수 있구나! 라고 돈 냄새를 맡은 독자님도 많을 거라 생각합니다.

Q. 작가의 삶은 어때요?

작가의 삶은 무척 행복합니다. 제 캐릭터를 좋아해주는 분들, 같은 작가 친구들, 도전 중인 꿈나무 작가님들, 업계 분들, 그리고 모든 것이 가능해 보이는 기회들이 함께하니깐요.
꼭 작가가 되어주세요! 때때로 고민되고 어려울 때가 있겠지만 시간이 지나면서 얻는 것이 한두 개씩 차근차근 늘어날 거예요.

Q. 캐릭터 작가로 가장 행복했던 순간은?

다들 그렇겠지만 제 캐릭터를 사랑해주고 응원해주는 분들을 만날 때 정말 행복해요. 사소한 댓글조차도 즐거워요. 진심이 담긴 응원을 만나면 울컥하기도 하죠. 그리고 저의 교육과 도움으로 작가 데뷔를 하는 꿈나무 작가님을 볼 때도 행복합니다. 저는 혼자 용쓰며 이뤄왔거든요. 그래서 더 저처럼 애쓰는 꿈나무 작가님들을 볼 때면 너무 응원하고 싶고 잘되었으면 해서 같은 마음이 되곤 합니다.

Q. 슬프거나 속상했던 일

작가의 꿈을 접는 분들을 보면 슬퍼요. 어느 정도 실력이 오르기까지 시간이 필요한데, 세상에 워낙 잘 그리는 사람은 많고 마음은 어서 잘 그리고 싶어서, 혹은 성공이 늦어서 지치는 경우가 있거든요. 이 구간을 이겨내야 우리가 멋지게 우러러보는 롤모델처럼 꿈을 이루는 겁니다. 이런 얘기 많이 듣지 않았어요? 그 어떤 엄청난 것을 알려주어도 90프로는 실천하지 않는

다는 이야기.

저도 힘들어서 지칠 때면, 포기는 하지 말자. 90프로가 되지 말자 생각을 합니다.

Q. 어떤 작가가 되고 싶나요?

생각만 해도 따뜻하고 좋은 작가가 되고 싶습니다. 순수하고 자유로운 작가이고 싶기도 해요. 그만큼 내 몫을 책임질 수 있을 때 이를 이룰 수 있겠죠.

Q. 작가로 이루고 싶은 꿈은요?

지브리, 픽사, 디즈니처럼 캐릭터와 그 캐릭터의 삶을 이야기로 제대로 한번 펼쳐보고 싶습니다. 머리에 떠오르는 영상을, 가슴에서 올라오는 그 생명의 태동을 꼭 꺼내어 세상에 나올 수 있게 해줘야겠다고 생각해요. 예전엔 순수한 창작 욕구에 대해 잘 몰랐는데, 이 세상 그 무엇도 상관없이 만들고 싶은 '나만의 무언가'가 생길 때가 있어요. 작가는 이 마음을 잘 캐치하고 소중히 여겨주세요.

책《평범하게 비범한 철학에세이》(김필영)을 읽으면 그 답이 있습니다. 평범한 한 사람이 비범한 나만의 인생작품을 완성하는 인생 이야기가 담겨있어요. 이 책을 마지막 추천도서로 선물하며 좌담회를 마치겠습니다.

감사합니다 ♡ 더 멋진 작품으로 만나요.

나의 작가명은

작가명의 유래

어떤 작가가 되고 싶나요

작가로 이루고 싶은 꿈

그리고 나의 소중한 캐릭터들

만약 마음속에서
'나는 그림에 재능이 없는걸'
이라는 음성이 들려오면 반드시
그림을 그려보아야 한다.
그 소리는 당신이
그림을 그릴 때 잠잠해진다.
- 고흐

제 책을 구매하고 끝까지 읽어주셔서 감사합니다.

'내가 캐릭터 작가의 꿈을 꾸기 시작했을 때 이런 가이드북이 있으면 좋았을 텐데' 라는 마음으로 쓰게 되었어요. 이 책을 다 쓰고 나니 저 스스로도 캐릭터 작가로 부지런하지 못했다는 생각이 들어서 반성을 하게 됩니다. 내 캐릭터를 사랑해주는 일은 나의 몫입니다. 또한 나 자신과 나의 꿈, 삶을 사랑해주는 것 또한 나의 몫이랍니다. 매 순간 가득 사랑해주세요.

우리의 삶은 과정이 9이며 결과가 1인 지루하고 애타는 여정으로 보이곤 합니다. 과정을 거쳐 결과가 오고 또 그에 따른 다음 과정, 그리고 또 결과, 과정이 반복됩니다. 9만큼이나 비중이 큰 과정을 괴롭게 느끼면 우리는 삶의 아주 많은 부분을 힘들게 보내게 돼요. 과정을 고역으로 느낀다면 나의 모든 활동은 행복해질 수 없고 에너지가 생기지 않는답니

자신은 '할 수 없다'고 생각하는 동안
사실은 그것을 '하기 싫다'고
다짐하고 있는 것이다.
그러므로 실행되지 않는 것이다.
- 스피노자

다. 캐릭터와 작가의 길도 과정에서 행복하지 않다면 성장할 수 없어요. 우리가 걸음마를 하던 아기 때부터 어린이, 청소년을 거쳐 성인이 된 것처럼 모든 성장 과정에는 추억과 사랑이 필요합니다. 작가로 성장하는 과정들을 모두 아껴주세요.

저에게도 이미 다 커버린 꿈이 있고 아장아장 걸음을 떼는 어린 꿈이 함께합니다. 내 인생에서 너무나 소중한 꿈인데, 하나하나 키워줄 때 꼭 사랑 가득하고 행복해야 하지 않을까요. 그리고 제일 마지막 끝에 내가 가장 오르고 싶었던 그 모습을 떠올려주세요. 순수한 행복이 가슴 속에서 가득 올라올 때까지요.

모두 이룰 수 있는 꿈입니다. 이룰 때까지 나는 멈추지 않을 거니깐요. 정말 좋아하는 일은 지금 내 실력과 상황에 상관없이 계속하게 돼 있거든요. 그 멈출 수 없는 마음은 나를 결국 초보자에서 능숙하게 만들어줄 거예요.

저 역시 수없이 지치고 변덕스럽고 힘들 때가 많았어요. 우리는 모두 다 이 복잡한 세상을 살아가고 있잖아요. 그럼에도 하나하나 경험해오고 걸어왔던 길들이 나중에 보니 참 그럴싸한 의미가 생기더라고요. 그래서 깨닫고 다짐한 바가 있어요.

나중에 '아~ 이렇게 되려고 그때 그랬던 거구나. 이런 의미가 있었구나.' 하지 말고, 지금 모든 순간의 경험과 과정들이 소중한 것임을 알아주자고요.

응원합니다! 우리의 꿈과 모든 과정을.

지금 마음 속에 갖고 있는 꿈도 너무 멋져요. 하나씩 조금씩 하고 있는 일들도 다 너무 잘하고 있어요. 바빠서 못하고 있어도, 자신 없어서 고민하고 있어도 괜찮아요. 꿈이 계속 당신의 마음을 간지럽히며 괴롭히고 있답니다. 결코 잊지 못할 당신의 꿈이 참 예뻐요. 무엇보다 소중한 당신 그 자체의 인생과 마음, 늦었다고 생각하지 말고 겁먹지 말고 조금씩 한 걸음씩 나아가보세요. 우리는 종종 캐릭터와 그림을 그리지만, 크게는 내 인생이란 그림과 나라는 캐릭터로 하나의 이야기를 쓰고 있으니깐요.

어냐 드림